Refresher in FRENCH

en France

Christiane Francey

DP Publications Ltd
Aldine Place
142/144 Uxbridge Road
London W12 8AW

1991

Acknowledgements

I wish to thank everyone who has helped me during the writing of this book, and particularly the editorial and production team of DP Publications.

Thank you also to *Le Monde* for 'The Good Leader' (p.98) and Les Syndicate d'Initiative.

A catalogue record for this book is available from the British Library.

ISBN 1 870941 77 2
Copyright © Christiane Francey 1991

Typesetting, design and cover illustration by Elizabeth Elwin

Printed in Great Britain by
Guernsey Press Co Ltd
Guernsey, Channel Islands

Contents

Topic chapters:

Preface

❏ Aim

Many people, having learned French at school, come back to it later in life for business or holiday purposes.

The aim of this book is to enable you to refresh, and build on, the French you learned at school in order to *communicate* in French, in France. It is intended, therefore, for everyone attending:

- ❐ Conversation classes
- ❐ Refresher courses
- ❐ GCSE retakes courses
- ❐ First year A Level classes
- ❐ RSA, and LCCI courses

It is also ideal for those studying alone, who want to refresh their memories before visiting France.

❏ Need

Learning another language can be equated to painting a picture. You can leave it for some time, and come back to it without having to start all over again. You can splash something in, here and there, gradually filling in gaps until the whole starts to make sense. You can (probably) *always* add something to it.

This book assumes you have already made a start – perhaps up to GCSE/O Level stage at school – and so you don't need all the 'mechanics' of the language explained again. A reminder, in practical and useful contexts to which you can readily relate, is what is needed – and what is provided in this book. Apart from working up to where you left off, you will also want to fill in your picture of France, its customs and its culture – indeed, all the *practical* information vital to visitors whether on business or holiday.

❏ Approach

The book can be used in any sequence as each chapter is independent of the others, however, their present order reflects the increasing difficulty of the grammar points that are refreshed in each one. There are seven chapters covering such topics as travel and working in France. Each chapter follows a graded, three part format:

Part I   *Rappel*

This is very much the **reminder** part. It **starts** with an interesting short story (or interview) using vocabulary not greater than that familiar to anyone having studied French at school. Questions, in English, follow to ensure you are happy with the vocabulary. Apart from vocabulary, a major grammar point is refreshed in every chapter, which is highlighted in the short story (or interview) to prepare you for the exercises that follow. At the end, there is a challenge! If you have successfully completed the exercises, the challenge will confirm that *"vous en êtes venu à bout"*.

Part II   *En français maintenant*

This part provides **factual** details on the chapter topic as well as practical **communicative** exercises such as asking questions at interview, telephoning to book a hotel room, asking for the times of a train etc. Every attempt is made to keep the reading material accessible, necessary technical words or unusual structures being translated into English. In this part, the exercises are designed so that you can do them in French!

Part III *Consolidation*

This part displays a wide range of newspaper articles, brochures, adverts on the topic covered in the chapter and provides the opportunity to consolidate and build more advanced vocabulary.

The reader is not expected to understand everything but to get the gist of the texts or to search for specific information. Difficult words are translated but the use of a dictionary will be necessary sometimes as the material offers a challenge to any non-native speaker. Because emphasis is on **understanding** the material, all questions are in **English**.

The section ends with further tasks that can be set as essays.

At the end of the book you will find:

❐ **Grammar reference**. A summary of essential grammar included for reference purposes.

❐ **Answers to exercises**. All exercises have answers for you to confirm your success!

❐ **Useful addresses**. Addresses and telephone numbers organised by chapter.

❐ **Teachers' notes**. Suggestions for different ways of using the text and exercises to give lessons more variety.

❐ **Index of grammar points and functions**. This will help you find an explanation of any grammar point in the book, both within the topic chapters or the **Grammar reference** section. You can also use this index to find specific language functions (eg 'asking questions') in the text.

❑ Cassette

You may purchase, from the publisher, an accompanying cassette. The introductory interview or story to each chapter is recorded as well as the 'practice dialogues' in the book.

There are several ways to exploit these recordings. Here are a few examples if you are working on your own:

❒ Read and listen to the text at the same time. Play the tape again and answer the questions which follow (when they occur).

❒ Do not read the text, simply listen to it and try to answer the questions. In this case do not hesitate to play the tape as often as necessary.

❒ Listen and repeat each sentence, then try to read aloud before answering the questions.

These are only a few examples but obviously the more often you play the tape, the more you will develop your skill at understanding the gist of what a native speaker is saying.

Remember that it is never too late to brush up your French and when meeting French people do try to speak French! I can assure that they won't mind if you are hesitant and make mistakes.

Teachers: The cassette will be supplied free to teachers recommending the book as a course text. Please apply to the Publishers with details of student numbers and the likely place of purchase (eg college bookshop).

Chapter 1
Useful services

In this chapter, the services of the *P.T.T. (Postes et Télécommunications)*, the role of the *'gendarme'* and other important services are the topics chosen to introduce the present tense, the use of *depuis* and numbers. In Part I, the present tense is revised in a text showing what French *gendarmes* think of their jobs.

In Part II, you will find out all about the French post-office and practical exercises will improve your confidence when buying stamps, making a telephone call and using numbers in France.

In Part III, you will discover how to use the Minitel and gain further information on other public serices.

Note: The meaning of difficult vocabulary is given for each passage in French and highlighted in italic throughout the passage. The particular grammar point being practised is highlighted in bold italic type.

Part I   Rappel

THE GENDARME

One of the best known characters in French society is 'Le gendarme', who performs a valuable and demanding role. 'Les gendarmes' (literally, people in arms), are in fact members of the French Armed Forces and therefore under the direct responsibility of the Ministry of Defence. In the following text we hear the views of a 'gendarme' and his wife about the realities of life in this important office.

Is the gendarme's lot a happy one?

Read the passage below and answer the questions that follow, in English.

All verbs in the present tense are highlighted to prepare you for the exercises in the grammar section.

 Les gendarmes **se révoltent** en France. Ils **écrivent** au Ministre de la Défense Nationale, **font** publier leurs lettres dans les journaux locaux et nationaux, en d'autres termes, ils **sont** décidés à rendre leurs griefs publics. **Ecoutons** ce gendarme qui **travaille** dans le sud de la France:

'Nous **travaillons** cinq jours sur sept et nous **faisons** environ 120 heures de travail par semaine. **Voici** deux jours typiques:

Lundi: je **commence** à sept heures du matin et je **m'arrête** à midi.

De 12 heures à 14 heures :repos et permanence à la maison.

De 14 heures à 19 heures: patrouille dans les villages et surveillance de la route.

De 22 heures à 3 heures du matin: patrouille nocturne.

Mardi: prise de service à neuf heures, dans le bureau cette fois. Je **termine** à 19 heures mais à 21 heures, je **suis** appelé à intervenir à la suite d'un accident de la circulation. Je **rentre** chez moi à une heure du matin.'

Les femmes de gendarmes ne **sont** pas heureuses non plus. Madame Rouget nous **parle**:

'Je ne **vois** pas mon mari de toute la journée et en plus, il **fait** souvent de longues permanences, parfois de sept heures du matin jusqu'au lendemain même heure.

Nous **devons** habiter dans une caserne et nous ne **pouvons** faire construire notre maison que cinq ans avant la retraite! Mon mari doit acheter lui-même son uniforme et ne **reçoit** qu'une aide de 80 francs par mois pour couvrir les frais de képi, badge, pantalons, médailles, chemises et tout le reste...'

Si l'on **veut** résumer tous les 'détails' qui **rendent** la vie difficile au gendarme, on **peut** leur donner des noms tels que: manque de vie privée, rénumération, habitat, uniforme, longues heures, manque de prestige, avancement ...

Voulez-vous être gendarme en France?

Vocabulary

Essayer	: to try/to try on	*La retraite*	: retirement
En d'autres termes	: in other words	*Reçoit*	: receives
Leurs griefs	: their grievances	*Les frais*	: expenses
Permanence	: stand-by	*Le képi*	: peaked cap
Patrouille	: patrol	*Tels que*	: such as
Circulation	: traffic	*Rénumération*	: pay
Lendemain	: next day	*Avancement*	: promotion
Une caserne	: barracks		

Questions *(Answers on p.134)*

1) How do the 'gendarmes' make their grievances known to the public?
2) Which part of France does the 'gendarme' who speaks come from?
3) How many days a week does he work?
4) At what time did he start work on Monday?
5) What did he have to do between 10 p.m. and 3 a.m.?
6) What happened on Tuesday evening at 9 p.m.?
7) What is the first source of discontentment that his wife expressed?
8) How many years before retirement can a 'gendarme' have his house built?
9) How much does the State pay towards his uniform?
10) Name three of the major sources of complaint written at the end of the text.

GRAMMAR

The present tense

Remember the two meanings of the French present tense:

Je parle = I speak or I am speaking.

The regular verb endings are as follows:

ER verbs	IR verbs	RE verbs
aimer	finir	vendre
J'aime	je finis	je vends
tu aimes	tu finis	tu vends
il aime (elle, on)	il finit (elle, on)	il vend (elle, on)
nous aimons	nous finissons	nous vendons
vous aimez	vous finissez	vous vendez
ils aiment (elles)	ils finissent (elles)	ils vendent (elles)

 **Exercises**
  answers on p.134

1) *Match the following verbs with their English equivalents.*

1)	Vous êtes	a)	You do.
2)	Vous faites	b)	He buys.
3)	Nous avons	c)	You say.
4)	Il achète	d)	She wants.
5)	Vous perdez	e)	You are.
6)	Elle veut	f)	We have.
7)	Nous écrivons	g)	You read.
8)	Je peux	h)	I can.
9)	Vous lisez	i)	You lose.
10)	Vous dites	j)	We write.

2) *Choose the appropriate form of the following verbs.*

1) Tu (*fais, faisons, fait*) un gâteau.
2) Vous (*met, mets, mettez*) un manteau.
3) Je (*dois, doit, devez*) sortir.
4) Nous (*va, allez, allons*) à la piscine.
5) Je (*veux, veut, voulez*) un appartement.
6) Vous (*avons, a, avez*) faim.
7) Je (*s'appelle, t'appelles, m'appelle*) Christine.
8) Tu (*se lève, te lèves, me lève*) tôt.
9) Il (*vient, viens, viennent*) ici.
10) Vous (*finis, finissent, finissez*) votre travail.

3) *Rework these sentences, so they begin with 'vous'.*
   Example:
   Je travaille le soir, vous travaillez le soir.

1) Je fais du shopping.
2) Tu mets une robe.
3) Je suis intelligente.
4) Tu dois partir.
5) Tu viens avec moi.
6) Tu dis 'Bonjour!'.
7) J'ai soif.
8) Tu perds le sac.
9) Je vais au cinéma.
10) Tu veux du vin.

4) *Read the following story and give the correct form of the verbs in brackets.*

En général, je (*se lever*) tôt le matin et je (*partir*) à mon travail en voiture. Il y (*avoir*) beaucoup de circulation sur la route et j'(*arriver*) souvent en retard. A midi, je (*prendre*) mon déjeuner dans un restaurant qui (*être*) près de mon bureau. Je (*retourner*) à mon travail à 2 heures environ et je (finir) à 18 heures. Je (rentrer) chez moi et je (passer) une bonne soirée avec ma famille.

Challenge
answers on pp.134-135

Now a more difficult exercise. Can you translate the following sentences into French?

1) He leaves at 5 p.m.
2) I live here.
3) She arrives late.
4) I am sick.
5) We are cold.

6) You go to the cinema. (*vous*)
7) I have two brothers.
8) He gets up.
9) You start early. (*vous*)
10) You take the train. (*vous*)

GRAMMAR

Remember *depuis* (for, since)

Depuis is used with the **present tense** or with the **imperfect** in French.

With the present tense.

An answer to the question *"Depuis combien de temps attendez-vous ici?"* (For how long have you been waiting here?), has two different meanings in French:

"J'attends ici depuis deux heures"   means: "I have been waiting here for two hours", or
"I have been waiting here since two o'clock".

Exercises
answers on p.135

5) *Answer the following questions in French.*

1) Depuis combien de temps regardez-vous ce film? (2 heures)
2) Depuis quand êtes-vous malade? (dimanche)
3) Depuis quand habitez-vous à Rochester? (3 ans)
4) Il sort avec elle depuis longtemps? (un mois)
5) Tu l'attends depuis quand? (un quart d'heure)

6) *Find the questions to these answers:*

1) J'habite ici depuis un an.
2) Je joue du piano depuis une semaine.
3) Je sors avec lui depuis 3 mois.
4) Il fait froid depuis hier.
5) Je fais du sport depuis 2 jours.

7) *Finally, look at the following pictures and answer the questions which accompany them in English.*

A

1) Qu'est-ce qu'on apporte dans ce magasin?
2) Ce magasin est-il ouvert?
3) À quelle heure ferme-t-il?

4) Il faut combien de temps pour faire développer des photos?
5) Qui passe devant le magasin?

B

1) Qu'est-ce qu'on achète ici?
2) Est-ce qu'on peut aussi acheter des journaux?

3) Comment s'appelle le magasin en face de 'A la civette'?
4) Il y a combien de personnes sur la photo?

C

1) Que fait cet homme?

2) De quel côté de la route roule-t-il?

3) Quels vêtements porte-t-il?

4) Est-ce que c'est un jeune homme?

5) Est-ce qu'il fait beau temps?

D

1) Combien de personnes veulent des gaufres?

2) Qui paye pour les gaufres?

3) Est-ce que le garçon à droite porte des lunettes?

4) Est-ce que c'est l'hiver ou l'été sur la photo?

Part II   En français maintenant

AT THE POST OFFICE

What can you do in a French Post Office?

Read the passage below and answer in French the questions which follow.

Vocabulary	
Essayer	: to try/to try on
Expédier	: to send
Minitel	: electronic telephone directory/ information service
Le courrier	: mail
Poste restante	: care of the Post Office
N'importe quel	: any
Jours fériés	: public holidays

En règle générale, les bureaux de poste sont ouverts du lundi au vendredi de 8 heures à 19 heures et le samedi de 8 heures à midi.

Qu'est-ce qu'on peut y faire?

Vous pouvez y acheter des timbres, expédier des lettres, des paquets et des télégrammes, recevoir ou envoyer de l'argent, consulter le minitel et demander des communications téléphoniques. Si vous n'avez pas d'adresse fixe, vous pouvez recevoir votre courrier en 'Poste restante' à n'importe quel bureau de poste. Vous devez payer une petite taxe et justifier de votre identité pour bénéficier de ce service. Si vous envoyez une carte postale ou une lettre en France, n'oubliez pas d'écrire le code postal, par exemple:

Melle Boucher,
7 rue des orfèvres,
67 000 STRASBOURG.

Une bonne nouvelle pour un visiteur à Paris:le bureau de poste principal à Paris est ouvert 24 heures sur 24. Voici son adresse: 52 rue du Louvre, 75001 Paris.

Celui qui se trouve à 71, Avenue des Champs-Elysées 75008 Paris, accepte d'envoyer des télégrammes jusqu'à 23 heures 30 sauf les dimanches et les jours fériés.

Questions *(Answers on p.135)*

1) A quelle heure les bureaux de poste ouvrent-ils le matin?
2) Qu'est-ce que vous pouvez y expédier?
3) Pouvez-vous téléphoner d'un bureau de poste?
4) Qu'est-ce que la 'poste restante'?
5) De quoi devez-vous justifier si vous utilisez ce service?
6) D'où pouvez-vous envoyer un télégramme tard le soir?

Buying stamps

Once in France, you might want to send a letter or a postcard. But where can you buy stamps and how will you ask for them?

Read the following, and then practise asking for the stamps shown on the next page, using the example below as your model.

 En France, vous pouvez acheter des timbres dans un bureau de poste, un bureau de tabac et même dans un hôtel. Si vous désirez envoyer une carte postale, vous pouvez acheter des timbres dans le magasin qui vous l'a vendue.

Que faut-il dire?

• A La Poste

Vous: 'C'est combien pour envoyer une lettre en Grande Bretagne?'
Employé: '2 francs 20'
Vous: 'Donnez-moi un timbre à 2 francs 20 s'il vous plaît.'

Si vous collectionnez les timbres, vous pouvez les acheter par correspondance au:

> Service philatélique des P.T.T.,
> 61-63 rue de DOUAI, 75346 PARIS Cedex 09

Vous pouvez aussi les acheter au:

> Musée de la Poste,
> Maison de la Poste et de la Philatélie,
> 34 boulevard de Vaugirard, 75015, PARIS.

Making a telephone call

Using the telephone in France is easy but there are a few points worth remembering.

Read the passage below and answer in French the questions which follow.

 Il y a plus de 160 000 cabines téléphoniques en France d'où vous pouvez téléphoner si besoin est.

Vous avez aussi la possibilité de téléphoner de cafés, bureaux de poste, hôtels etc...Tous les services d'urgence sont gratuits: pompiers, police-secours, ambulances pour n'en citer que quelques-uns et si un numéro de téléphone est précédé de l'indication 'numéro vert' vous ne payez pas la communication non plus.

Vous n'avez pas d'argent? Alors, faites un appel en P.C.V.: la personne à qui vous téléphonez paye pour l'appel.

En France, vous devez présenter vos numéros à 8 chiffres par blocs de 2 chiffres, par exemple: 38 41 21 00. Pour Paris et la région parisienne, ajoutez le code 1 avant les autres numéros.

Questions *(Answers on p.135)*

1) D'où pouvez-vous téléphoner?
2) Y a-t-il des appels gratuits?
3) Comment présentez-vous les numéros à 8 chiffres?
4) Quel numéro devez-vous ajouter pour Paris?

Vocabulary

Chiffre	:	digit
P.C.V.	:	reverse charge call

Useful expressions

Composer le numéro	:	To dial the number
Décrocher	:	To lift/pick up the receiver
Raccrocher	:	To hang up
Attendre la tonalité	:	To wait for the dialling tone
Qui est à l'appareil?	:	Who is speaking?
Ne quittez pas	:	Hold the line
Donnez-moi le poste	:	Give me the extension
Le numéro ne répond pas	:	There is no answer
Le numéro est occupé	:	The line is engaged
Je vous le passe/la passe	:	I'll put you through to him/to her
Refaites le numéro	:	Dial again

Remember:

Mon numéro de téléphone c'est le 88 19 35 52

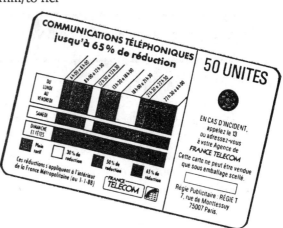

Numbers

Can you say the following phone numbers in French?

Do not hesitate to check the list of numbers provided.

87 63 13 33

87 63 63 63

87 63 33 33

**87 63 63 63
82 34 35 34**

87 76 07 55

87 32 36 36

To help you:			
un	onze	vingt et un	deux cents
deux	douze	vingt-deux	mille
trois	treize	trente	deux mille
quatre	quatorze	quarante	dix mille
cinq	quinze	cinquante	cent mille
six	seize	soixante	un million
sept	dix-sept	soixante-dix	deux millions
huit	dix-huit	quatre-vingts	un milliard
neuf	dix-neuf	quatre-vint dix	deux milliards
dix	vingt	cent	

Part III   Consolidation

TELETEL AND MINITEL

You can find the telephone numbers you need in the traditional phone directory but most French people use the services of the Minitel: an electronic phone directory terminal.

Read the text below and do not be put off by some of the more difficult words. Once you have read the information about the network, answer the questions in English and see how much you have understood.

Télétel, c'est un nouveau moyen de communication des PTT qui utilise la ligne téléphonique pour transmettre des informations clairement lisibles sur l'écran d'un terminal.

La presse, les administrations, les entreprises, les collectivités locales et bien d'autres fournisseurs utiliseront ce moyen pour proposer leurs services : informations, renseignements administratifs, programmes de loisirs, horaires de transports et réservations, consultations de votre compte bancaire, etc.

Télétel chez vous, ce sera l'écran du terminal, le clavier de commande et la ligne téléphonique. C'est simple, il suffit de savoir se servir du téléphone.

Vocabulary

Lisible	:	legible
L'écran	:	the screen
D'autres fournisseurs	:	other suppliers
Ce moyen	:	this mean

Questions *(Answers on p.135)*

1) What is Teletel?
2) How is the information presented?
3) Who uses Teletel to offer services?
4) What kind of information can you obtain?

Now read the short paragraph below and explain the difference beween Teletel and Minitel.
(Answers on p.135)

Télétel est le nom donné au système français de vidéotex. Il comporte des terminaux Minitel, un réseau d'accès et des services d'information.

Minitel est un terminal simplifié (écran + clavier) qui se connecte sur la ligne téléphonique (voir page 11).

If you dial 3615 +GATO you will have access to a very special service.
Find out more about it and answer the questions following the advert below.

Ici, ou chez vous par minitel, com-
mandez un gâteau et faites-le livrer,
n'importe où en France, à quelqu'un que
vous aimez... Nos gâteaux sont vos
messagers ! Ils font toujours délicieusement plaisir... Toutes les raisons
sont bonnes : fête, anniversaire, naissance, Noël, Pâques, fête des Mères, Saint

Intergâteaux
Votre porte-douceurs.

Valentin... Ou, comme ça, pour le plaisir, sur un coup de coeur ! Et aussi... Intergâteaux
livre des chocolats, du champagne.

Questions *(Answers on p.135)*

1)   On what occasions would anyone use this service?

2)   Is the delivery service limited to where someone lives?

Services publics à Thiers

Apart from the Minitel, newspapers,
magazines and other publications
will give you information about the
public services available in France.
On the following pages,
you will find a list of
addresses and tele-
phone numbers of
some of the public
services at your dis-
posal in the towns of
Thiers, Metz and
Nancy.

Thiers, a town situated east of Clermont-
Ferrand in the centre of France, is widely
known as the capital of the French
cutlery industry. A large number of craft-
men's workshops and modern factories
offer employment to
some 5,000 people in
the area.

On the next page is a
list of the main
public services in the
town.

LISTE DES SERVICES PUBLICS

Commissariat de Police de Thiers
Place Antonin-Chastel   73.80.72.72 ou 17

Gendarmerie de Thiers
Avenue Léo-Lagrange - Thiers   73.80.72.11

Gendarmerie Peloton Autoroute
Z.1. de Felet - Thiers   73.80.36.56

Sapeurs-Pompiers - Centre de Secours
Rue des Drs-Dumas - Thiers   73.80.05.82 ou 18

Taxi appel Taxi
Avenue Pierre-Guérin - Thiers   73.80.37.28

Hôpital Général
42, rue Mancel Chabot - Thiers   73.80.73.22

Sous-Préfecture
26, rue de Barante - Thiers   73.80.71.71

Mairie
Rue Nationale - Thiers   73.80.27.94

Chambre de Commerce et d'Industrie
Geoffroy - RN.89 - Thiers   73.80.56.55

Agence Locale pour l'Emploi
Centre Commercial Les Molles - Thiers   73.80.20.58

Foyer des Jeunes Travailleurs
Chemin des Cizolles - Thiers   73.80.66.00

Gare S.N.C.F.
Thiers   73.80.19.62

Médecins et Pharmacies de garde
Voir Commissariat de Police

Match the definitions below with their corresponding names in the list above. (Answers on p.136)

1) You phone them in case of fire.

2) You go there if you are seriously ill.

3) It helps someone to find work.

4) It can give the address of a chemist open at night.

5) Certain people can rent a room there.

6) You go there to buy your ticket.

7) It will give information about starting up a business.

8) If a house gets burgled, its occupant will contact it immediately.

9) It will take you anywhere, but you will have to pay for its services.

10) It patrols motorways.

Services publics à Nancy

Nancy is the administrative centre of Lorraine in north-east France. Metz, the second largest city in the region is noted for its cathedral with its 13th century stained glass. The following list describes some of the public services available in these towns.

*Read through the list and answer **true** or **false** to the statements below made about the services.*

1. L'information sur les produits et les prix
Pour toute information sur :
- la **présentation**, la **composition** ou l'**origine** d'un **produit**; l'**affichage** ou l'**étiquetage** des **prix**

- les **normes obligatoires** et les **instruments de mesure**

- la **salubrité** des produits d'origine animale

adressez-vous
- à la **direction départementale de la concurrence, de la consommation et de la répression des fraudes**; Metz 87 36 17 07
- ou consultez, *en pages jaunes, la rubrique Associations de consommateurs et d'usagers*
- à la **direction régionale de l'industrie et de la recherche**; Metz 87 56 42 00
- au **service vétérinaire départemental**; Metz 87 75 67 87

2. Le mariage
- la **constitution du dossier de mariage**

- un **contrat de mariage** peut être établi si vous le souhaitez avant le mariage, ou modifié après deux ans de mariage

adressez-vous
- à la **mairie** du domicile ou de la résidence de l'un des futurs époux ★
- à un **notaire** *(pages jaunes, rubrique Notaires)*

3. La protection de l'enfance
- l'**examen prénatal ou postnatal**, les **vaccinations pour les nourrissons**; pour tout renseignement

- les **crèches, halte-garderies, garderies, assistantes maternelles**; pour en obtenir la liste

adressez-vous
- aux centres de **protection maternelle et infantile** *(pages jaunes, rubrique Dispensaires)*
- à votre **médecin** traitant *(pages jaunes, rubrique Médecins)*
- à la **mairie** du domicile ★ ★
- aux assistantes sociales du service d'action sociale du département; Metz 87 56 30 30

4. Les aides à l'entreprise
- des aides peuvent être accordées aux entreprises qui se modernisent dans le cadre du fonds régional
- des aides peuvent être accordées aux entreprises à l'exportation

adressez-vous
- à la **direction régionale de l'industrie et de la recherche**; Metz 87 56 42 00
- à la **direction régionale du commerce extérieur**; Nancy 83 41 15 31

5 L'achat et la vente d'un véhicule d'occasion
- pour obtenir l'imprimé du **certificat de vente** (2 exemplaires, un pour l'acheteur, un pour le vendeur qui renverra le double rempli à la préfecture dans les quinze jours)

- pour obtenir le certificat de non-gage

- l'acheteur doit faire changer la carte grise dans un délai de quinze jours
- pour obtenir le certificat de contrôle technique, obligatoire pour les véhicules de plus de 5 ans, le vendeur peut obtenir la liste des centres agréés
- la vente d'un véhicule à la casse doit être déclarée et la carte grise renvoyée

adressez-vous
- à la **sous-préfecture** *(pages jaunes, rubrique Administration de l'intérieur)*
- ou à la **préfecture**; Metz 87 30 81 00
- à un **commissariat de police** *(pages jaunes, rubrique Administration de l'intérieur)* ou à une **brigade de gendarmerie** ★
- à la **préfecture** d'immatriculation du véhicule; Metz 87 30 81 00
- à la **préfecture** du domicile; Metz 87 30 81 00
- à la **préfecture** d'immatriculation du véhicule; Metz 87 30 81 00

★ *Pages jaunes, rubrique «Sécurité sociale»*

★ ★ *Pages jaunes rubrique |Administrations régionales, départementales et locales»*

Vocabulary

L'affichage	: display
L'étiquetage	: labelling
Les garderies	: nurseries
L'entreprise	: firm / business
Les aides	: help / subsidies
Dans le cadre du	: in the framework of
Accorder	: to grant
L'imprimé	: the form
Remplir	: to fill in
Renverra	: will return
Le certificat de vente	: sales certificate
Le certificat de non-gage	: certificate that the vehicle has no outstanding debt
La carte grise	: registration documents
La casse	: car breaker

Questions *(Answers on p.136)*

☑ *Tick the appropriate box*

	True	False
1) You go to the town hall to find out about the rules and regulations relating to the presentation and labelling of food.	☐	☐
2) The quality of products of animal origin is the responsibility of the regional veterinary department.	☐	☐
3) In love and want to get married? You can place your 'dossier' in any town hall in France.	☐	☐
4) A marriage settlement can be made up to two years after the wedding.	☐	☐
5) The 'Centre de protection maternelle et infantile' gives information about children's vaccinations.	☐	☐
6) A list of day-nurseries can be obtained form the local Town Hall.	☐	☐
7) The 'Direction régionale de l'industrie et de la recherche' is used by businesses that wish to export.	☐	☐
8) The seller of a second-hand car should keep all the duplicates of the sales certificate.	☐	☐
9) The buyer must change his registration documents within two weeks.	☐	☐
10) To obtain a list of the centres which grant MOT certificates, you go to the prefecture.	☐	☐

✍️ *Further tasks*

1) Write in French a paragraph of about 100 words giving the reasons why you do not want to work as a gendarme in France. (Use the present tense)

2) Using what you have learned in this chapter, describe in French the range of public services available in the town of Thiers.

3) Would you want to hire a Minitel? Justify your answer in French.

Chapter 2
Getting around

The main subject in this chapter is finding your way in France and reaching your destination by various means.

In Part I, a young girl talks about her future holidays to her mother and the dialogue between them introduces the future tense.

Part II covers the French railway system and practical guidance on buying your ticket. Telling the time and help with the often confusing right of way rules on French roads complete this section.

Part III includes road signs commonly found in France and will make driving and getting out and about easier. *Bon Voyage!*

Note: The meaning of difficult vocabulary is given for each passage in French and highlighted in italic throughout the passage. The particular grammar point being practised is highlighted in bold italic type.

Part I   Rappel

SUMMER HOLIDAYS

Lysiane wants to go abroad for her summer holidays. Where does she want to go and how will she get there?

Read this dialogue and then find out how much you have understood by answering the questions which follow in English.

 Lysiane: Maman, cette année **je** ne **partirai** pas en vacances avec papa et toi!

[C'est l'heure du déjeuner et Lysiane a décidé qu'il est temps de parler à ses parents de ses projets pour l'été. Son père n'est pas là donc elle est seule avec sa mère.]

Lysiane: **Je partirai** avec mes copines et **nous ferons** du camping en Cornouailles, en Angleterre.

Sa mère: Comment ça? En Cornouailles? En Angleterre? Mais **tu n'auras** jamais assez d'argent pour te payer ce voyage!

Lysiane: Mais si! **J'économiserai** mon argent de poche pendant les prochains mois et comme nous prendrons la voiture de Joëlle, **nous partagerons** tous les frais du voyage entre nous quatre. Je pense aussi que deux semaines de camping ne **coûteront** pas très cher.

Sa mère: Mais quand **partirez-vous** et d'où?

Lysiane: **Nous quitterons** Metz le 12 Juillet au matin, **nous arriverons** à Calais le soir et **nous prendrons** l'aéroglisseur tard le soir. **Nous irons** d'abord à Londres pour deux jours et après, **nous partirons** pour la Cornouailles.

Sa mère: Mais **il pleuvra** tout le temps! Il ne fait pas beau en Angleterre!

Lysiane: Tu crois? De tout façon, cela n'a aucune importance. **Nous visiterons** la région, **nous parlerons** anglais et je suis sûre que **nous nous amuserons** beaucoup.

Sa mère: Après tout, c'est peut-être une bonne idée. Est-ce que ton père et moi **pourrons** t'accompagner? Nous n'avons pas de projets pour cet été!

Lysiane: Ah non alors! Vous, **vous partirez** de votre côté et moi du mien!

Vocabulary

Mes copines	: My girlfriends
Les frais du voyage	: Travelling expenses
Ne coûteront pas très cher	: Will not be very expensive
Il pleuvra	: It will rain
De toute façon	: In any case
Après tout	: After all

Questions *(Answers on p.136)*

1) When does Lysiane decide to speak to her parents about her summer holidays?
2) What will make her next summer holidays different from her previous ones?
3) Where will she go?
4) Will she go there on her own?
5) How will she get the money needed for the holidays?
6) Will she stay in a hotel?
7) How will she travel to her destination?
8) Does Lysiane worry about what the weather will be like?
9) What does her mother suggest doing?
10) Does Lysiane think it is a good idea?

GRAMMAR

The future tense

The future tense (*le futur*) is used to describe an action taking place in the future. All verbs end in the same way in the future tense in French.

ER verbs: manger	IR verbs: finir	RE verbs; répondre
je mangerai	je finirai	je répondrai
tu mangeras	tu finiras	tu répondras
il/elle/on mangera	il/elle/on finira	il/elle/on répondra
nous mangerons	nous finirons	nous répondrons
vous mangerez	vous finirez	vous répondrez
ils/elles mangeront	ils/elles finiront	ils/elles répondront

You simply add the future endings (*ai, as, a, ons, ez, ont*) to the infinitive of the verbs. Note that for verbs ending in *re* like *répondre*, you drop the final 'e' before adding the endings.

For irregular verbs, check the list at the end of the book.

Note that in French you will use the future tense after *quand* (when).

> **Example**
> Tomorrow, when I arrive, I'll phone.
> *Demain, quand j'arriverai, je téléphonerai.*

 Exercises
answers on p.136

1) Give the future tense of the following verbs, starting with the word in brackets.

Example
Partir (je) : je partirai.

1) Arriver (il)
2) Manger (nous)
3) Finir (vous)
4) Prendre (je)
5) Quitter (vous)
6) Visiter (je)
7) Répondre (elle)
8) Sortir (tu)
9) Ecrire (vous)
10) Tomber (je)

2) Put the following sentences into the future tense.

1) Quand je pars en vacances, je prends le train.
2) Tu dis bonjour quand tu arrives chez lui.
3) Nous finissons notre travail et nous sortons.
4) Elle parle bien l'allemand et elle comprend le français.
5) Vous rencontrez beaucoup de gens quand vous voyagez.

3) *Match the following irregular verbs in the future with their English equivalents.*

1)	J'achèterai	a)	You will see
2)	Tu auras	b)	I shall be able to
3)	Elle sera	c)	We will do
4)	Nous ferons	d)	You will have
5)	Il faudra	e)	She will be
6)	Tu voudras	f)	It will be necessary
7)	Vous viendrez	g)	We will take
8)	Je pourrai	h)	You will want
9)	Nous prendrons	i)	I shall buy
10)	Vous verrez	j)	You will come

4) *Complete this dialogue by selecting the most appropriate of the verbs below.*

– Simone, qu'est-ce que tu ...... dans la vie quand tu ...... grande?

– Je ...... et je ...... une chanteuse célèbre. Tout le monde ...... mes disques et je ...... beaucoup d'argent.

– Est-ce que tu te ......?

– Oui, mais mon mari ...... voyager partout avec moi.

– Bon, alors bonne chance! J'espère que tu ...... beaucoup de succès.

> *auras, gagnerai, chanterai, seras, devra, feras, achètera, marieras, deviendrai*

Challenge
answers on p.136

Now, a more difficult exercise:
Choose the most likely answer to each of the questions asked.

1)	Quand partirez-vous en vacances?	a)	Oui, tous les soirs.
2)	Achèterez-vous du pain?	b)	Non, pas trop tard.
3)	Prendrez-vous le train?	c)	Le mois prochain.
4)	Visiterez-vous les musées?	d)	Oui, j'en achèterai.
5)	Rentrerez-vous tard?	e)	Oui, car j'aurai très faim.
6)	Viendrez-vous nous voir?	f)	Bien sûr, je les visiterai tous.
7)	Comprendrez-vous ce qu'il dira?	g)	Le premier pour Paris, s'il y en a un.
8)	Sortirez-vous tous les soirs?	h)	Je viendrai aussi souvent que possible.
9)	Irez-vous déjeuner?	i)	Oui, je parle assez bien l'allemand.
10)	Arriverez-vous à l'heure?	j)	Je pense que oui, si je pars de bonne heure.

Part II   En français maintenant

TRAVELLING BY TRAIN

Travelling by train in France can offer many advantages, and in the following text you will find out how to make the most of some of the services the French railway system (SNCF) has to offer.

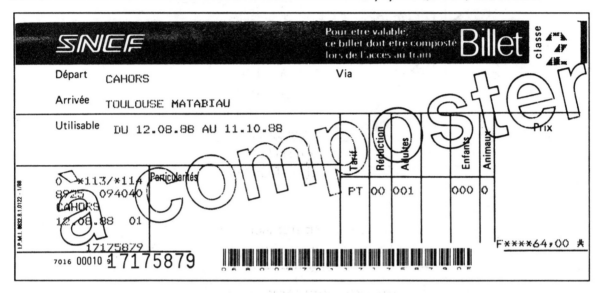

Read the passage below and answer the following questions in French.

 La SNCF (Societé Nationale des Chemins de Fer) offre en France, un moyen simple, rapide et économique de voyager. Où pouvez-vous acheter vos billets et faire une réservation?

1) Si vous avez un minitel, tapez le 3615 code SNCF et vous pourrez demander vos horaires de train, faire votre réservation et commander votre billet que vous pourrez récupérer dans une gare ou dans une agence de voyages avant votre départ.

2) Allez simplement au guichet 'Billets' dans une gare ou au bureau d'informations/ réservations. Si vous prenez le TGV (Train à Grande Vitesse), vous devez le composter en le faisant glisser dans le composteur: une machine orange devant laquelle vous passez avant d'accéder au quai de départ.

 ## Questions *(Answers on pp.136-137)*

1) Qu'est-ce que la SNCF offre aux voyageurs?
2) Est-ce que le minitel vous permet de faire une réservation dans un train?
3) Si vous achetez votre billet grâce au minitel, où le récupèrez-vous?
4) Qu'est-ce que le TGV?

5) Si vous voulez prendre le TGV, que devez-vous faire quand vous achetez votre billet?

6) Avant d'aller sur le quai, que faut-il faire avec le billet de train?

7) De quelle couleur est le composteur?

8) Est-le composteur est situé sur le quai?

Vocabulary	
Les horaires	: timetables
Commander	: to order/to book
Récupérer	: to collect
Debout	: standing
Composter	: to punch
Le composteur	: punching machine
Devant laquelle	: in front of which

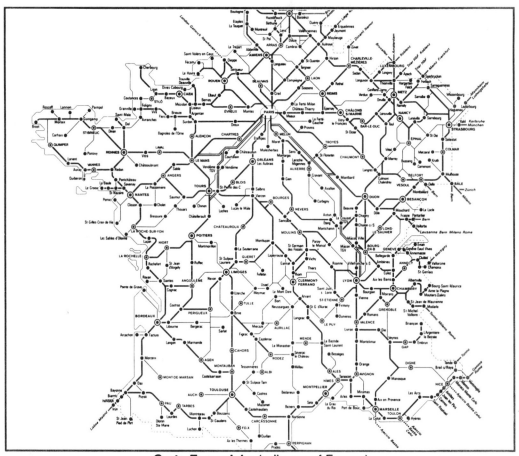

Carte Ferroviaire (rail map of France)

Buying a railway ticket

There are several ways to ask for a train ticket but the easiest is to ask directly for '*Un aller simple*', a single ticket or '*Un aller et retour*', a return ticket for your destination.

Read this conversation and see if you can do the exercise which follows.

'*Un aller et retour pour Strasbourg s'il vous plaît.*'
'*Première ou deuxième classe?*'
'*Deuxième classe, c'est combien?*'
'*275 francs s'il vous plaît.*'

Now your turn: You want a single ticket to Dijon, first class.

Complete the dialogue. (Replace the English sentence with its French equivalent.)

You: '*A single to Dijon please.*'
'*Première ou deuxième classe?*'
You: '*First class. How much is it?*'
'*300 francs.*'

You might also want to confirm the arrival or departure of a particular train. All you need to say is:

'*À quelle heure arrive le prochain train en provenance de Paris, s'il vous plaît?*' (At what time does the next train from Paris arrive?)

'*À quelle heure part le prochain train pour Dijon, s'il vous plaît?*' (At what time does the next train for Dijon leave?)

Useful expressions

Please can you tell me the way to the station?	:	*Pour aller à la gare, s'il vous plaît?*
Which platform is it for Paris?	:	*Pour Paris, c'est quel quai?*
Is there an earlier train?	:	*Y a-t-il un train plus tôt?*
Is it a through train?	:	*C'est un train direct?*
Do I have to change?	:	*Faut-il changer de train?*
Is this seat free?	:	*Est-ce que cette place libre?*

Telling the time

It is easy enough to ask for the times of arrival and departure of a train but could you understand the answers? Here is a quick reminder of the different ways to say the time in French.

Il est midi
Il est minuit
Il est douze heures

Il est huit heures et demi
Il est vingt heures trente

Il est neuf heures
Il est vingt-et-un heures

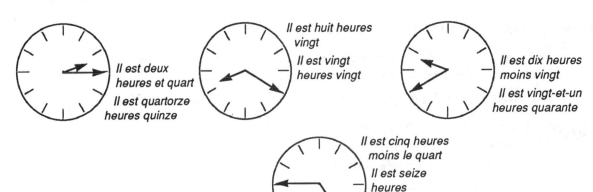

Il est deux heures et quart
Il est quartorze heures quinze

Il est huit heures vingt
Il est vingt heures vingt

Il est dix heures moins vingt
Il est vingt-et-un heures quarante

Il est cinq heures moins le quart
Il est seize heures quarante-cinq

Exercise
answers on p.137

Can you tell at what time the following trains will leave or arrive?

1) Le train en provenance de Dijon entrera en gare à treize heures douze.

2) L'omnibus pour Saint Claude partira à neuf heures vingt.

3) Le train pour Le Havre partira à dix heures cinquante trois.

4) Vous pourrez prendre le TGV pour Lyon à vingt-deux heures treize.

5) Le prochain train en provenance de Rouen arrivera à dix-huit heures.

6) Vous arriverez à Strasbourg à onze heures trente-trois.

7) Le train Corail en provenance de Dieppe arrivera à Paris à sept heures trente.

8) Marseilles? Vous aurez un train à douze heures.

9) Vous quitterez Londres à dix-neuf heures quarante-six.

10) Le départ se fera dans dix minutes: à huit heures trente-cinq exactement.

Travelling by road

Many foreign tourists think that the French are bad drivers. 'They drive too fast and too close!' is a common complaint. They may be right but one of the main causes of road accidents in France is the lack of respect for the 'Règles de la Priorité (right of way rules). Read the three 'Règles de la Priorité' and say who has right of way in the two tests which follow.

Règles de la Priorité

LA RÈGLE NUMÉRO UN: la priorité à droite qui est applicable quand il n'y a pas de signalisation à l'intersection et quand on rencontre ce panneau:

En d'autres mots, le voitures venant de votre droite, ont la priorité!

LA RÈGLE NUMÉRO DEUX: la priorité de passage. Si vous rencontrez l'un de ces deux panneaux, vous avez la priorité:

LA RÈGLE NUMÉRO TROIS: Vous n'avez pas la priorité de passage et vous devez laisser passer les véhicules venant de votre droite et de votre gauche si vous voyez ces panneaux:

Vocabulary:		
Le panneau	:	road sign
Venant	:	coming

Qui a la priorité?

Now that you have read about the right of way rules, can you say which vehicle must give way first on the following pictures?

Study the drawings carefully and answer the questions in French. (Answers on p.137)

1)   Est-ce que la voiture de gauche devra laisser passer celle du milieu?

2)   Est-ce que la camionette pourra tourner à gauche avant la voiture de gauche?

B

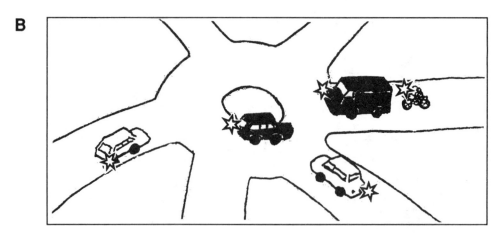

Il n'y a pas de panneaux sur cette image, alors, attention!

1) Est-ce que la camionette pourra tourner à droite avant les autres voitures?
2) La voiture de gauche, passera-t-elle après celle de droite?
3) Combien de véhicules est-ce que la voiture du milieu devra laisser passer avant elle?

Useful expressions

Il y a une station-service près d'ici?: Is there a petrol station near here?
Faites le plein s'il vous plaît : Fill it up please
Essence ordinaire : Lower grade petrol
Essence super : High grade petrol
Essence sans plomb : Unleaded petrol
Ma voiture est tombée en panne : My car has broken down
Je vous dois combien? : How much do I owe you?
Faisons le constat tout de suite : Let's write a report at once
Voici mon attestation d'assurance : Here is my insurance certificate

Bayonne	Bordeaux	Brest	Calais	Cherbourg	Clermont-Ferrand	Dijon	Grenoble	Le Havre	Lille	Limoges	Lyon	Le Mans	Marseille	Mulhouse	Nancy	Nantes	Nice	Paris	Perpignan	Reims	Rennes	Rouen	Saint-Etienne	Strasbourg	Toulon	Toulouse	Tours
184																											
815	625																										
1067	877	710																									
835	645	405	457																								
553	369	779	685	745																							
825	682	874	608	668	288																						
816	655	1128	862	922	286	296																					
843	653	482	283	228	589	512	766																				
989	799	813	112	470	607	530	784	297																			
410	220	600	691	573	181	436	467	570	613																		
817	577	1024	758	818	208	192	104	662	680	389																	
620	430	402	498	271	383	481	735	223	420	302	630																
682	653	1339	1073	1133	484	508	314	977	995	664	315	946															
1016	825	1098	728	892	482	229	426	736	617	626	382	705	698														
1022	832	961	534	730	489	201	497	574	423	594	393	568	108	183													
519	329	296	672	316	453	594	730	393	594	304	626	176	995	818	742												
842	813	1495	1229	1289	640	664	333	1133	1151	820	471	1102	188	680	864	1154											
773	583	597	297	361	390	313	567	205	219	396	463	203	778	537	372	377	934										
438	457	1095	1204	1115	461	639	445	1108	1126	517	446	900	311	829	839	799	471	909									
907	717	731	291	500	487	283	575	344	213	530	471	337	786	436	230	511	942	141	917								
626	436	244	415	209	550	625	879	286	565	378	775	153	1090	849	715	107	1246	348	906	482							
811	622	498	213	244	524	447	701	88	227	504	596	195	912	671	461	371	1068	139	1043	231	302						
703	519	891	817	877	150	251	137	721	739	330	59	489	334	441	452	618	490	522	465	530	643	655					
1252	1062	1076	637	845	583	335	531	689	526	731	488	682	803	118	145	856	959	486	934	345	827	623	547				
747	717	1400	1134	1194	544	568	375	1038	1056	725	376	1006	64	758	769	1059	153	839	376	847	1151	972	395	864			
283	253	891	1001	911	392	727	533	919	926	313	534	696	399	917	927	595	559	709	204	843	702	817	412	1022	464		
538	348	484	529	353	301	407	536	305	451	220	431	82	757	631	484	195	913	234	818	368	235	273	423	713	817	614	

Distances entre principales villes. En kilomètres.

Auto test: are you fit to drive?

What are the danger signs a driver should be looking for? Follow the instructions on the auto test below add up your points and see whether you would be fit to drive.

Vocabulary:

Entourez le chiffre	: circle the number	*Raide*	: stuff
Détendu	: relaxed	*Un noeud papillon*	: a bow tie
Paupières	: eye lids	*Tricher*	: to cheat
Lourdes	: heavy	*L'endormissement*	: sleepiness
Vous entamez	: you start	*Détendez-vous les*	: stretch out your legs
La nuque	: the nape of the neck	*jambes*	

AUTO TEST Voici un test qui vous permettra de reconnaître ou de connaître les signes précurseurs de la
Faites-le faire ou conducteur.

VOUS ALLEZ BIEN ?

Entourez le chiffre quand votre réponse est positive.
N'inscrivez rien si votre réponse est négative.

- Vous êtes détendu ? 1
- Vous venez de manger un solide repas ? 2
- Vous êtes content ? 1
- Vous êtes marié ? 0
- Vous avez un pantalon rayé ? 0
- Vous venez de prendre votre 4ᵉ café ? 4
- Vous portez de lunettes ? 0
- Vous avez les yeux qui piquent ? 5
- Vous avez un total confort de vue ? 1
- Vous avez des enfants ? 0
- Vous avez bu 3 verres de vin au dernier repas ? 4
- Vous avez les paupières lourdes ? 5
- Vous portez des chaussettes ? 0
- Vous avez envie d'ouvrir votre fenêtre ? 3
- Vous n'aimez pas ce test ? 0
- Vous avez une bouteille d'eau dans votre voiture ? 1
- Vous aimez la télévision ? 0
- Vous n'avez pas soif ? 1
- Vous entamez votre 12ᵉ bonbon ? 3
- Vous avez plus de 35 ans ? 0
- Vous avez envie d'être arrivé ? 2
- Vous avez faim ? 2
- Vous avez plaisir à conduire ? 1
- Vous aimez la musique classique ? 0
- Vous avez la nuque raide ? 5
- Vous avez un nœud papillon ? 0
- Vous remuez sans cesse sur votre siège ? 5

Comptabilisez vos points.
La solution est à l'intérieur de ce dépliant.

De 0 à 7 points :

Bravo !

si vous n'avez pas triché, vous avez devant vous

DEUX HEURES

de conduite confortable

MAIS RESTEZ VIGILANT !

De 7 à 25 points :

Attention !

même si vous n'en êtes
pas tout à fait conscient...

**certains signes
de FATIGUE apparaissent**

Il est temps de programmer un arrêt...

25 points et plus :

STOP

Arrêtez-vous !

à la prochaine aire de repos
signalisée par
ce panneau...

P
AIRE DE REPOS

**Vous êtes au bord
de l'endormissement !**

Une fois sur l'aire de repos...

• Sortez de votre voiture.

• Détendez-vous les jambes
en marchant un peu.

• Buvez un verre d'eau
fraîche.

Part III   Consolidation

LE PUY EN VELAY

Imagine that you have planned a trip to an area of France called Auvergne. You have heard of the town Le Puy en Velay and have received the brochure on the next page.

Read the information provided and answer the questions in English.

Questions *(Answers on p.137)*

1)   Can you fly to Le Puy en Velay direct from Paris?

2)   Is the airport far from the town?

3)   Are there any fast trains for Lyon from Le Puy en Velay?

4)   Where do you have to go to in order to catch a TGV for Paris?

5)   How far is Le Puy en Velay from Lille?

6)   Can you go camping in the town?
7)   Is the Youth Hostel situated in Le Puy en Velay?
8)   What sports can you practise in the area?
9)   Which craft is the town famous for?
10) What are the gastronomic specialities of the area?

Le Puy en Velay

AUVERGNE - 43000 - FRANCE
OFFICE DE TOURISME - 71.09.38.41

haute LOiRe

INSOLITE

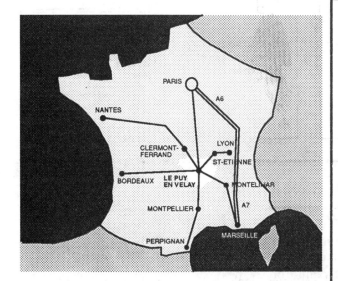

LE PUY-EN-VELAY :
Préfecture de la Haute-Loire : 27,000 habitants
Agglomération : 50.000 habitants

ACCES

Air :   Aéroport Le Puy-en-Velay/Loudes à 10 mn.
        Service quotidiens sauf week-end avec Paris
        Orly-Ouest.
        Correspondances avec les lignes nationales
        et internationales.

Rail : De nombreux trains directs desservent Le Puy-en-Velay
        Trains et autorails rapides sur Lyon, St-Etienne,
        Clermont-Fd
        T.G.V. au départ de St-Etienne (Paris à 4 h 15).

Route : Paris : 514 km   Lyon : 134 km   Marseille : 300
        Lille : 754 km   Bordeaux : 473   Montpellier : 250
        Clermont-Ferrand : 132 km   Toulouse : 350 km.

PARKINGS

Parking souterrain de 500 places

HEBERGEMENT

8 hôtels 3 et 2 étoiles : 332 chambres
9 hôtels 1 étoile et préfecture : 140 chambres
Camping : 3 étoiles
Auberge de jeunesse : 60 lits

CONGRES

Centre Pierre Cardinal : congrès 300 personnes.

LOISIRS ET EQUIPEMENTS

Piscines été et hiver, tennis, randonnées pédestres, équestres,
cyclotourisme, pêche, découverte de la nature et du patrimoine,
visite commentée de la ville, carnaval, fêtes du Roi de l'Oiseau,
Festivals en été...

SPECIALITES

Dentelles, liqueurs, lentilles, charcuteries, champignons, fruits
sauvages...

Travelling by bus

On arrival in a French town one of the best ways to get around is by bus. If you do not have a season ticket and need to buy a ticket each time you want to travel by bus, what further steps do you have to take on boarding?

*Read the following instructions and answer **true** or **false** to the statements made below.*

Le voyage en bus

Terminus vers lequel se dirige le bus   N° de la ligne

• Préparez votre ticket, votre carte d'abonnement ou votre monnaie si vous achetez un ticket au conducteur.

• Vérifiez le numéro de la ligne et le terminus affichés au-dessus du pare-brise du bus qui se présente à vous.

• Faites signe au conducteur afin qu'il s'arrête.

STOP

• Montez à l'avant du véhicule.

• Compostez votre ticket dès la montée. S'il n'y a pas d'oblitérateur faites poinçonner votre ticket par le conducteur ou présentez lui votre carte d'abonnement.

OBLITEREZ VOS TICKETS

• Avant d'arriver à l'arrêt où vous devez descendre, appuyez sur le bouton : arrêt demandé.

STOP

• Descendez du bus par la porte médiane ou la porte arrière.

Questions *(Answers on p.137)*

☑ *Tick the appropriate box*

		True	False
1)	You cannot buy a ticket from the bus driver.	☐	☐
2)	The final destination of a bus is displayed on its windscreen.	☐	☐
3)	A bus will stop systematically at every bus stop.	☐	☐
4)	You must get on a bus through the door situated at the front of the bus.	☐	☐
5)	If you already have a ticket, the driver will just have a look at it.	☐	☐
6)	You must punch your season ticket.	☐	☐
7)	You must push a button to signal when you want to get off at your destination.	☐	☐
8)	You cannot get off a bus through any side door.	☐	☐

✍ *Further tasks*

1) *Imagine that Lysiane, once in Great Britain, decides to send a postcard to her parents. Write about 50 words in French, giving her first impressions of the country.*

2) *Having looked at the advert for Le Puy En Velay, you decide to go there with a friend. Write 150 words in French, in the future tense, explaining how you will get there, where you will stay and what you will do during your holidays.*

3) *Should cars and lorries be banned from town centres? Justify your answer in French and in no more than 200/250 words.*

Chapter 3
Time off

The theme of this chapter is recreation so you will be reminded of vocabulary which will be invaluable if you want to enjoy your stay in France.

Part I covers the imperfect tense, which is presented through an eventful evening which doesn't quite go according to plan.

In Part II, you discover how to find out what is going on in the town you are visiting and how to discuss your interest and hobbies with the people you meet.

In Part III, there are newspaper articles and advertisements typical of the kind you will need to understand to avoid missing out on the fun available!

Note: The meaning of difficult vocabulary is given for each passage in French and highlighted in italic throughout the passage. The particular grammar point being practised is highlighted in bold italic type.

Part I   Rappel

AN EVENING FULL OF SURPRISES

It happens to everyone that, once in a while, a planned evening does not turn out as it was intended.

Nicole and her husband Francis had arranged to go out for a romantic evening 'en tête à tête' to celebrate her birthday.

Read the account of the evening and answer the questions which follow, in English.

Vocabulary

Nous nous sentions	: we felt
En pleine forme	: in good spirits
Essayer	: to try
Rater	: to miss
De façon à	: in order to
Que nous aimerons	: which we would like
Ennuyeux	: boring
Enervés	: irritated
Déçus	: disappointed
Qui nous y a emmenés	: which took us there
L'a embrassé	: kissed him
Réfléchir	: to think about
Le visage	: the face
J'ai giflé	: I slapped the face

'C'**était** la semaine dernière, vendredi soir plus exactement. Il faisait beau, il **était** six heures, nous **avions** encore une heure avant le début du concert. La table au restaurant **était** réservée pour dix heures et **nous nous sentions** en pleine forme. La soirée **allait** être idyllique.

A six heures trente, j'ai appelé un taxi. Un quart d'heure plus tard, le taxi n'**était** toujours pas arrivé. Ça **commençait** bien! Nous sommes sortis de la maison pour essayer de trouver un taxi dans la rue. Après dix minutes, toujours pas de chance. Nous **allions** rater le concert!

Nous avons enfin trouvé un taxi mais il **était** trop tard pour aller écouter l'orchestre et trop tôt pour aller au restaurant, alors nous sommes entrés dans la première salle de cinéma que nous avons rencontrée, de façon à ne pas passer longtemps à choisir un film que nous aimerons tous les deux. Je **trouvais** le film stupide, ennuyeux, violent et sexiste. Bref, à la fin du film, nous **étions** tous les deux enervés et déçus.

Enfin, il nous **restait** le restaurant. Nous avons cette fois trouvé un taxi qui nous y a emmenés. Nous **avions** juste le temps de prendre un petit apéritif avant de commander.

Le repas **était** bon, le vin excellent et nous **bavardions** tranquillement quand soudain, une très belle jeune femme s'est approchée de mon mari, l'a embrassé, et lui a dit 'Bonsoir chéri'. Sans prendre le temps de réfléchir, je me suis levée, j'ai lancé mon verre de vin au visage de mon mari, j'ai giflé la femme et je suis sortie. La fin de l'histoire? C'est à vous de l'imaginer...'

Questions *(Answers on p.137)*

1) When did this story take place?
2) What were they waiting for at 6.45 p.m.?
3) Having missed the concert, did they take their time to choose a film to go and see?
4) How does Nicole describe the film they saw?
5) Had they booked a table in the restaurant they went to?
6) Were they satisfied with their meal?
7) Who approached Nicole's husband unexpectedly?
8) Did that person say anything to Nicole ?
9) How did Nicole react towards her husband?
10) What indicates that Nicole did not leave any time for her husband to explain the situation?

GRAMMAR

The imperfect tense

In French, you will use the imperfect (l'imparfait) when you want to talk about an action that used to go on or that was going on in the past.

Examples:

Il jouait	He used to play
	He was playing
Elle dormait	She used to sleep
	She was sleeping

It is often used to describe what things or people were like in the past.

Examples

Il pleuvait beaucoup	It was raining a lot
	or: It rained a lot
Elle était petite	She used to be small
	or: She was small

You will note that in English, you use the simple past tense when you mean to say 'used to...' or 'was doing...' while in these instances, you must use the imperfect in French.

How to write a French verb in the imperfect

The endings are the same for all verbs.

1) You take the *nous* form of the verb in the present tense:

– *nous regardons* (*regarder*/to watch)

GRAMMAR CONTINUED

2) You take off the *ons*

   − *nous regard*

3) You add the imperfect tense endings

je regardais	*nous regardions*
tu regardais	*vous regardiez*
il regardait	*ils regardaient*
elle regardait	*elles regardaient*
on regardait	

The verb **'être'** (to be) is the only one which does not follow this rule. The imperfect tense of 'être' is as follows:

j'étais	*nous étions*
tu était	*vous étiez*
il/elle/on était	*ils/elles étaient*

Verbs which take a cedilla in the nous and vous forms in the present tense drop the cedilla in the imperfect.

Example:

	Present tense	Imperfect tense
to start:	**nous commençons**	**nous commencions**
	we start	**we used to start**

Verbs ending in **ger** (*manger*/to eat, *ranger*/to tidy up, etc) which keep an *e* in the present tense, drop the *e* in the imperfect when using nous and vous.

Example:

	Present tense	Imperfect tense
to eat:	**nous mangeons**	**nous mangions**
	we eat	**we used to eat**

Exercises

answers on pp.137-138

1) *Here is a list of verbs. Select the ones which are in the imperfect tense.*

1)	Je vais.	9)	tu écris
2)	nous allions.	10)	nous avions.
3)	il mangeait.	11)	elle portera.
4)	elles finiront.	12)	on achetait.
5)	tu es.	13)	je sortais.
6)	vous demandiez.	14)	vous ouvriez.
7)	je finirai.	15)	tu offres.
8)	ils finissaient.		

2) Match the following verbs in the imperfect tense with their corresponding translation.

1)	J'allais	a)	he used to be
2)	tu demandais	b)	one used to do
3)	nous partions	c)	you used to push
4)	il disait	d)	I used to go
5)	elle tombait	e)	he used to say
6)	vous poussiez	f)	they used to arrive
7)	il était	g)	I used to buy
8)	j'achetais	h)	you used to ask
9)	elles arrivaient	i)	we used to leave
10)	on faisait	j)	she used to fall

3) Give the correct form of the following verbs in the imperfect tense.

Example:
Finir (il): il finissait

1)	Ils (être)	11)	Elles (devoir)
2)	Nous (commencer)	12)	On (partir)
3)	Tu (aller)	13)	Je (venir)
4)	Vous (manger)	14)	Il (faire)
5)	Elles (avoir)	15)	Je (vouloir)
6)	Je (jeter)	16)	Vous (appeler)
7)	Il (pleuvoir)	17)	Ils (venir)
8)	On (savoir)	18)	Nous (écrire)
9)	Vous (téléphoner)	19)	Tu (répéter)
10)	Elles (comprendre)	20)	Je (répondre)

4) Change the following sentences into the imperfect tense.

1) Le concert de jazz est très bon.
2) Le voyage est long et il pleut tout le temps.
3) Il a faim et il mange beaucoup.
4) Est-ce que vous partez à l'étranger?
5) Elle n'aime pas cette couleur.
6) Nous écoutons la radio à la même heure.
7) Tu finis souvent ton travail avant moi.
8) Il porte déjà des lunettes.
9) Vous connaissez bien cette ville.
10) L'hôtel se trouve près de la gare.
11) Elle descend les escaliers à toute vitesse.
12) Vous allez au cinéma deux fois par semaine.
13) Je perds mon parapluie régulièrement.
14) Ils se promènent dans le jardin public tous les soirs.
15) Ma mère me téléphone tous les jours.

Challenge

answers on p.138

Translate into French.

1) He was fat.
2) The restaurant closed early in winter.
3) He used to watch television.
4) I used to work hard.
5) The plane was late.
6) I used to go abroad.
7) They were finishing.
8) She played tennis in summer.
9) We used to take the train.
10) My uncle used to forget his spectacles.

Part II   En français maintenant

LEISURE ACTIVITIES

We are going to look at some of the different ways to talk about your interests and hobbies in French. But to find out which activities are available in a French town, you will have to pay the French Tourist Office a visit.

The French tourist office: le Syndicat d'Initiative

There is one in each town and they can offer an invaluable range of services. Some of these are listed below.

Read the text and answer the questions in French. (Vocabulary on page 41.)

Les syndicats d'initiative jouent un rôle important dans la vie du touriste ou de 1'homme d'affaires en France. On peut d'une part, y obtenir la liste des terrains de camping, auberges de jeunesse, hôtels et gîtes dans la région mais aussi le programme des spectacles et fêtes à une periode donnée. Toutes ces informations vous seront envoyées à votre domicile si vous en faites la demande, mais si vous n'avez pas eu le temps de prendre des renseignements avant de partir, il suffit d'y aller et de se renseigner sur place. Prenons par exemple le syndicat d'initiative de la ville d'Hayange, en Moselle, dans 1'est de la France. C'est un tout petit bureau situé sur la place de 1'église et si vous y allez, on vous donnera des renseignements sur la ville d'Hayange (liste des services publics, entreprises locales, hôtels, etc…), on vous conseillera sur les circuits touristiques à faire dans toute la région et vous en sortirez les bras chargés de plans, cartes, posters et listes de clubs auxquels vous pourrez vous incrire. Dans la plupart des syndicats d'initiative, il y a au moins une personne qui parle anglais ou allemand et la documentation qu'on vous donnera sera le plus souvent en version bilingue. Si vous avez l'intention de résider en France pendant plusieurs mois et que vous vouler pratiquer un sport ou faire partie d'un club, n'hésitez pas à prendre tous vos renseignements au syndicat d'initiative de votre ville.

Beaucoup de clubs y laissent leur documentation et le syndicat lui-même crée ses propres listes d'activités avec le nom des personnes à contacter, le prix et les dates des différents stages. Pour résumer, les syndicats d'initiative ne fournissent pas seulement des renseignements au touriste qui vient d'arriver, mais aussi à quiconque veut savoir ce qui se passe dans sa propre ville. Ils sont devenus, avec les mairies, de vrais centre de renseignements et de documentation.

Notre-Dame de Hayange

La Maison Molitor

Hayange

HAYANGE vous invite !

Chapelle de Wendel

Toute manifestation
programmée
et communiquée
après la parution
du présent guide
figurera sur
MINITEL

36 15
ITOUR
HAYANGE

Vocabulary

Jouent un rôle	:	play a part
Une période donnée	:	a given time
Vous seront envoyées	:	will be sent to you
Des renseignements	:	information
Y aller	:	go there
Se renseigner	:	to inquire about
On vous conseillera	:	you will get advice on
Les bras chargés	:	the arms full of
Ses propres listes	:	its own lists
Qui vient d'arriver	:	who has just arrived
Quiconque	:	whoever
Ils sont devenus	:	they have become

Questions *(Answers on p.138)*

1) Que pouvez-vous obtenir d'un syndicat d'initiative?
2) Est-ce qu'un syndicat d'initiative vous enverra des renseignements par la poste?
3) Où se trouve Hayange?
4) Est-ce que vous pouvez obtenir des renseignements sur les entreprises locales au syndicat d'initiative d'Hayange?
5) Les réceptionnistes des syndicats d'initiative, parlent-elles les langues étrangères?
6) Est-ce que la documentation qu'on vous y donnera est en version bilingue?
7) Si vous voulez faire du sport dans une ville que vous ne connaissez pas, que pourrez-vous obtenir d'un syndicat d'initiative?
8) Est-ce que les syndicats d'initiative créent leurs propres listes d'activités?
9) A quoi compare-t-on les syndicats d'initiatives?
10) Pour résumer, comment les définit-on?

GRAMMAR

Expressing likes and dislikes

There are several ways of talking about what you do and don't like doing. A simple way of saying that you like or you dislike to do something is:

J'aime ... (I like)   *Je n'aime pas ...* (I do not like)

To say that you like or dislike practising a certain sport, you simply add:

... jouer au/à la/à l'/aux

GRAMMAR CONTINUED

J'aime jouer au	tennis
	football
Je n'aime pas jouer au	rugby
	hand-ball
	billard
	golf
	volley-ball
	ping-pong

| J'aime jouer à la | pétanque |
| J'aime jouer aux | fléchettes |

But: *j'aime **aller** à la pêche* : I like to go fishing.

or for some, you will say:

J'aime **faire** du/de la /de l'   je n'aime pas le/la/ l'

J'aime faire du	sport	je n'aime pas	le sport
	yoga		le yoga
	judo		le judo
	théâtre		le théâtre
	dessin		le dessin
	ski		le ski

J'aime faire de la	natation	je n'aime pas la ...
	plongée
	gymnastique
	musique
	peinture
	photographie
	boxe
	danse
	marche
	bicyclette

| J'aime faire de l' | équitation |
| | athlétisme |

If you just want to say that you practise an activity, leave the '*j'aime*' out:

Je joue au tennis

Je fais de la natation etc...

GRAMMAR CONTINUED

Talking about playing a musical instrument: the main point to remember is that instead of using *au/à la/à l'* you use *du/de la/de l'*.

Je joue **du**	*violon*
	piano
	saxophone
Je joue **de la**	*guitare*
	clarinette
	flûte
	harpe
	batterie (drums)
Je joue **de l'**	*accordéon*
	orgue

How often do you play?

souvent	often
quelquefois	from time to time
tous les jours	everyday
tous les soirs	every night/evening
tous les mois	every month
une fois par jour	once a day
une fois par semaine	once a week
deux fois par mois	twice a month

Exercises

answers on pp.138-139

5) *Practise saying that you do everything that you are being asked.*

Example:

Vous jouez du piano?... Oui, je joue souvent du piano.

1) Vous jouez de la guitare?
   (*Oui, je fais...*)
2) Vous faites de la natation?
3) Vous jouez au tennis?
4) Vous dansez?
5) Vous faites de la peinture?
6) Vous jouez au ping-pong?
7) Vous faites de la marche?
8) Vous jouez du violon?
9) Vous faites du yoga?
10) Vous jouez au golf?

43

6) Using the table below as a guide, make ten sentences choosing one word or group of words from each box.

je joue	au	piano	tous les	soirs
tu fais	du	yoga	une fois	par jour
il joue	à la	natation	deux fois	par mois
nous jouons	l'	ping-pong	trois fois	jours
je fais	de la	clarinette		mois
vous jouez	aux	sport		matins
ils font	à l'	équitation		par semaine
tu joues	de l'	volley-ball		
elle fait		tennis		
vous faites		accordéon		
		fléchettes		
		peinture		
		danse		
		saxophone		

7) Qu'est-ce qu'on peut faire ici?

Match the following venues with the activities you would expect to do there.

1) Voir une pièce de théâtre   a) un terrain de golf

2) Ecouter un concert   b) une bibliothèque

3) Faire de la natation   c) un théâtre

4) Jouer au football   d) un parc

5) Voir un film   e) un stade

6) Jouer au golf   f) une salle de concert

7) Faire de la gymnastique   g) une salle de sports

8) Voir une exposition   h) un musée

9) Faire une promenade   i) une piscine

10) Emprunter des livres   j) un cinéma

Part III Consolidation

THIONVILLE: SOMETHING FOR EVERYONE

*The following list of activities was published by the tourist office in the town of Thionville. Look at the list and say whether the statements are **true** or **false**.*

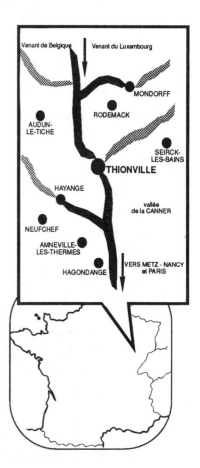

```
                              ROTIN - VANNERIE
                    Encadrement : P. LEGRAND
Vendredi de 14 heures à 16 heures
À partir du 6 Octobre

                              PEINTURE SUR SOIE
                    Encadrement : C. BEAUVOIS

Mardi de 17 H 30 à 20 heures
À partir du 3 Octobre

                                    PING-PONG
                    À partir de 14 ans

Mercredi de 17 heures à 19 heures
À disposition : une salle, des tables et filets.
Apporter sa raquette et ses balles
                                      ANGLAIS
                    Encadrement : B. MELLA

Mardi
- de 8 H 30 à 10 heures : débutants
- de 10 heures à 11 H 30 : perfectionnement
À partir du 4 Octobre
                         ATELIERS BOIS ET FER
Le bricolage à la portée de tous
Tous les jours de 9 heures à 12 heures et de 15 heures
à 18 heures (sauf mercredi et dimanche)

                                        PHOTO
Laboratoire et matériel,
mis à disposition des amateurs

                         RANDONNEES VELO

Tous les dimanches matins,
Départ : 9 heures devant le Centre
Renseignements au C.A.S.C.
                 ACTIVITES DE PLEINE NATURE
Escalade - randonnées pédestres - ski
Renseignements au C.A.S.C.

                              BIBLIOTHEQUE
Ouverte le mardi de 16 heures à 18H30
```

Questions *(Answers on p.139)*

☑ *Tick the appropriate box*

		True	False
1)	The wickerwork class takes place every Friday.	☐	☐
2)	For those wanting to learn how to paint on silk, tuition starts in the middle of October.	☐	☐

	True	False
3) Beginners' classes of English take place on Wednesdays.	☐	☐
4) A 'do it yourself' learner can attend classes every day of the week, except on Wednesdays and Sundays.	☐	☐
5) For the photo lab, all necessary material has to be supplied by the students.	☐	☐
6) If you want to go cycling with other people, you can join a group at 9 a.m. on Saturdays.	☐	☐
7) Information is available about climbing and skiing.	☐	☐
8) The local library is open on Tuesdays only.	☐	☐
9) To join the table tennis club you must be under 14 years of age.	☐	☐
10) The club puts at the disposal of its members the room, the table tennis tables and the nets.	☐	☐

Pont-de-L'Arn: is it worth a detour?

Pont-de-L'Arn, in the south-east of France, offers a lot to discover and enjoy for the discerning visitor.

Read the advertisement and answer the questions in English.

Questions *(Answers on p.139)*

1) How many inhabitants live in Pont-de-L'Arn?

2) What is the average altitude in the area?

3) Apart from a castle, what else can you visit?

4) Is it possible to go horse-riding in the area?

5) Is fishing allowed in the local rivers?

6) Is ice-skating available in Pont-de-L'Arn?

7) Name two other sporting activities advertised.

PONT-DE-L'ARN

FICHE D'IDENTITE

La commune de Pont-de-l'Arn comprend également les agglomérations de Saint-Baudille et Rigautou. Le Pont-de-l'Arn regroupe 2.500 habitants et l'altitude moyenne est de 225 et 700 mètres.

A VISITER
— Château de Montlédier (menhirs).
— Eglise de Saint-Baudille (XIe - XIIe siècle).
— Cadran solaire canonique.

A DECOUVRIR :
— Circuits pédestres et équestres.
— Lacs touristiques et ruisseaux poissonneux (pêche).

SPORTS ET LOISIRS :
—. Golf 18 trous.
— Tennis.
— Patinage artistique sur roulettes.
— Pétanque.

In the following newspaper articles, you will find that the inhabitants of Saulxures Les Nancy and Dombasle have no excuse for not wanting to join the proposed outings.

Read all about it and answer the questions in English to show that you have understood the gist of the articles.

SAULXURES LES NANCY

RANDONNEE

Le Club de Randonnée de l'Association Sportive et Culturelle propose une sortie le Dimanche 18 Novembre du côté de Domgermain dans la région des côtes de Toul. Deux étapes de 7 et 13 km dans la matinée, qui s'achèveront par un déjeuner au restaurant et dans l'après-midi visite du secteur. Participation à cette journée 70 F. Pour tous renseignements et pour les inscriptions : M. Gérard Thaiville, 7 rue de Tomblaine - Tél 83.20.65.03

DOMBASLE

EXCURSION

Le Club Rencontre propose un voyage au Luxembourg le mercredi 14 novembre prochain. Au programme visite d'une faïencerie et de son musée et visite d'un magasin de mode. Départ à 7h30 devant la Marie. La participation a été fixée à 160 F repas compris.

 Questions *(Answers on p.139)*

Saulxures Les Nancy:
1) When will the outing take place?
2) Will the participants walk or cycle?
3) After how many kilometers will they have their first rest?
4) Will packed lunches be provided?
5) How much will the outing cost per person?

Dombasle:
1) What is the destination of the 'Club rencontre' members?
2) When will they leave and where from?
3) What type of museum will they visit?
4) Will they also go to a hypermarket?
5) Will their lunch be included in the price of the trip?

The ramblers' code

The following 'code of the rambler' comes from a leaflet given to the members of the Club Vosgien, whose members spend long and enjoyable hours walking in the mountains called Les Vosges, in the east of France.

This *code du randonneur* is very lyrical and might require you to use a dictionnary. There are no exercises on the code – simply read it and enjoy it.

CODE DU RANDONNEUR

Equipe-toi de bonnes chaussures
N'oublie pas vêtements chauds et de pluie.
Emporte boissons et vivres pour la route.
Aie cartes et guides du Club Vosgien, boussole, sifflet
Pars tôt et pas trop vite.
De préférence, ne pars jamais seul en montagne.
Suis les sentiers jalonnés par le C.V.,
N'emprunte pas de raccourcis.
En cas de doute, n'hésite pas à revenir sur tes pas.
Ne piétine pas les sous-bois, les chaumes, les prés.
Ecoute la nature, ne trouble pas son silence.
Admire les fleurs et les plantes sauvages, ne les cueille pas.
Observe les animaux, mais ne les dérange pas.
Ne fume pas en forêt, n'y allume pas le feu.
Salue le randonneur que tu croises ou dépasses.
Découvre le passé : sanctuaires, châteaux, petits monuments.
Remporte tes déchets, la nature n'est pas une poubelle.
La liberté s'arrête là où commence celle des autres.
Un jour de sentier = huit jours de santé.

Paul KELLER, Inspecteur Général des Sentiers

✍ Further tasks

1) *Imagine the end of the story 'An evening full of surprises'. (200 words in French.)*

2) *Write a letter in French to the tourist office in Hayange, asking for information about the area.*

3) *Having read 'Le code du randonneur', write a similar code in French, but this time you could write the code of the perfect driver, the good pedestrian, customer, husband etc… (not necessarily in verse!).*

Chapter 4
Finding work

Working in France and the use of the perfect tense are the main topics covered in this chapter.

In Part I, you will be reminded of the perfect tense via an interview with a chef in a restaurant.

Part II develops the theme of work and presents the services offered by the French Job and Unemployment agency, the A.N.P.E. You can also practise asking questions in French and making appointments by telephone.

In Part III, adverts for jobs and courses will allow you to improve your understanding of the job market in France. Finally, find out why an anaesthetist's job is a particularly stressful one.

Note: The meaning of difficult vocabulary is given for each passage in French and highlighted in italic throughout the passage. The particular grammar point being practised is highlighted in bold italic type.

Part I   Rappel

A HARD DAY'S WORK

Denis Lebon works as a chef in a successful restaurant in a small town in France near the Luxembourg border. He has done so for many years, but what did he do before that? What does he think of his job? What is a day's work to him?

Read what Danièle says to him and show how much you have understood by answering the questions in English.

DANIELE: Alors, tout d'abord, ça fait combien de temps que vous travaillez dans ce restaurant?

DENIS: Hé bien, *j'ai commencé* il y a 5 ans. Le patron, que je connaissais m'a *téléphoné* un jour, pour me demander si je pouvais remplacer le chef qui venait de partir. *J'ai dit* oui et *je suis resté*!

DANIELE: Est-ce que *vous avez travaillé* dans beaucoup d'autres restaurant avant celui-ci?

DENIS: Non, pas du tout, *j'ai fait* mon *apprentissage* dans un grand restaurant à Metz et *j'y suis resté* 4 ans en tout.

DANIELE: Et pendant votre apprentissage, est-ce que *vous avez appris* à cuisiner des spécialités régionales?

DENIS: Oui, bien sûr, mais *je me suis spécialisé* dans la cuisine du poisson.

DANIELE: Ah bon, mais dites moi, on dit toujours que les cuisiniers travaillent beaucoup, c'est vrai?

DENIS: Oui, ça c'est vrai, surtout quand il y a des fêtes, comme à *Noël* ou à *Nouvel an*!

DANIELE: Alors, parlez-moi d'une journée typique, hier par example, à quelle heure *avez-vous commencé*?

DENIS: Hier, *j'ai commencé* à 10 heures du matin et je me suis arrêté à trois heures de l'après-midi, *je suis rentré* chez moi pour quelques heures et *j'ai repris* le travail à six heures. Comme *il n'y avait pas* beaucoup de monde hier soir, *j'ai pu terminer* à onze heures. C'est tôt, en général je finis vers minuit ou une heure du matin!

DANIELE: Et chez vous à la maison, c'est vous qui faites la cuisine?

DENIS: Ah non alors, d'habitude, c'est ma femme. Ce n'est pas une très bonne cuisinière, mais *je ne me plains jamais*! *Je l'ai fait* une fois, *si vous saviez* ce qu'*elle m'a répondu* … Je ne recommencerai plus!

Vocabulary

Je connaissais	: I used to know
Je pouvais	: I could
Mon apprentissage	: my training
Noël	: Christmas
Nouvel an	: New Year
Il n'y avait pas	: there was not
Je ne me plains jamais	: I never complain
Si vous saviez	: if you knew

 Questions *(Answers on p.139)*

1) When did Denis start working in the restaurant?
2) Why did the owner phone him one day?
3) What did Denis agree to do?
4) Where did he learn his trade?
5) How long did he stay there?
6) What does Denis specialise in?
7) When is he particularly busy?
8) For how long did Denis work yesterday?
9) At what time does he usually finish work?
10) Does Denis think that his wife is a good cook?

GRAMMAR

The perfect tense : *le passé composé*

1) The perfect tense, or *passé composé* in French, is used to tell about events which are over and done with.

2) There are two ways of saying in English what you say in the French *passé composé*:
   Examples:

J'ai acheté	I have bought	*Il a choisi*	he has chosen
	I bought		he chose

GRAMMAR CONTINUED

3) A verb in the *passé composé* is composed of two parts :
   - the **auxiliary verb** or helping verb (*avoir* or *être*)
   - the **past participle**.

   Examples

   J'ai acheté: **ai** is the auxiliary verb   *je suis allé:* **suis** is the auxiliary verb
   acheté is the past participle.   **allé** is the past participle.

4) Regular verbs taking *avoir* as their auxiliary verb

   The auxiliary verb *avoir* is used in the present tense and the infinitive of the verbs change as follows.

   Verbs like:

   acheter, aider, casser ...   1) remove the final *r*   : *achete*
                                         2) add an accent to the last *e*   : *acheté*

   choisir, finir, réussir ...   1) remove the final *r*   : *choisi*

   vendre, attendre, répondre ...   1) remove the last two letters *re*   : *vend*
                                         2) add *u*   : *vendu*

   Examples

MANGER (to eat)	FINIR (to finish)	VENDRE (to sell)
j'ai mangé	*j'ai fini*	*j'ai vendu*
tu as mangé	*tu as fini*	*tu as vendu*
il/elle/on a mangé	*il/elle/on a fini*	*il/elle/on a vendu*
nous avons mangé	*nous avons fini*	*nous avons vendu*
vous avez mangé	*vous avez fini*	*vous avez vendu*
ils/elles ont mangé	*ils/elles ont fini*	*ils/elles ont vendu*

Some important irregular past participles to remember

être: été	*avoir: eu*	*faire: fait*
(to be)	(to have)	(to do)
dire: dit	*boire: bu*	*recevoir: reçu*
(to say)	(to drink)	(to receive)
savoir: su	*pouvoir: pu*	*voir: vu*
(to know)	(to be able to)	(to see)
lire: lu	*vouloir: voulu*	*offrir: offert*
(to read)	(to want)	(to offer)
ouvrir: ouvert	*écrire: écrit*	*prendre: pris*
(to open)	(to write)	(to take)

Exercises

answers on pp.139-140

1) *Choose the right part of the auxiliary verb for each sentence.*

1) Il (ai, as, a) choisi un bon livre.

2) Nous (ont, avons, as) mangé de bonne heure.

3) Elles (a, avez, ont) travaillé tard.

4) J'(as, ai, a) regardé la télévision hier soir.

5) Tu (a, avez, as) répondu à beaucoup de questions.

6) Vous (ai, avez, a) dormi sur la plage.

7) J'(a, as, ai) attendu l'autobus.

8) Monique et Marie (a, avons, ont) trouvé la solution.

9) Ils (a, as, ont) rempli le formulaire.

10) Vous (ont, avez, avons) réservé des places au cinéma.

2) *In this exercise match up the verbs in the perfect tense with their meanings.*

1) Nous avons voulu

2) Il a bu

3) Tu as fait

4) Vous avez été

5) J'ai ouvert

6) Elle a perdu

7) Il a compris

8) Il a vu

9) Elles ont dit

10) J'ai pris

a) He saw

b) I took

c) He understood

d) They said

e) You did

f) We wanted

g) She lost

h) I opened

i) You were

h) He drank

3) *Complete each sentence with the correct form of the verbs given.*

Example

Il — — attention! (crier)

Il a crié attention

1) Elle — — une belle histoire. (raconter)

2) Vous — — un bon film. (voir)

3) Il — — le train hier soir. (prendre)

4) J' — — mon passeport. (oublier)

5) Nous — — des tickets. (acheter)

6) Tu — — dans un grand lit. (dormir)

7) Les enfants — — au tennis. (jouer)

8) Vous — — beaucoup de lettres. (écrire)

9) J ' — — de la chance. (avoir)

10) Elles — — l'autobus. (attendre)

4) *Complete the following story by adding the missing verbs in the perfect tense. These verbs are given below the story but they are in the wrong order.*

L'année dernière, Henry — — beaucoup d'argent à la Loterie Nationale. Il — — de dépenser tout son argent; il — — donc — — le tour des garages dans sa ville car il — — acheter une nouvelle voiture. Il — — une voiture de sport de couleur rouge et il — — chez lui. Ensuite il — — à faire un long voyage. Il — — un billet d'avion pour aller aux Etats -Unis. Avant de partir il — — de nouveaux vêtements et il — — a ses amis : "Je pars. J'ai besoin de longues vacances!" Ses amis — — très jaloux mais ils — — : "Passe de bonnes vacances mais ne nous oublie pas!" Ils n' — toujours pas — parler de lui.

> Verbs: *a fait, a choisi, a dit, ont été, a voulu, a décidé, a conduit, a gagné, a pensé, ont entendu, a pris, ont répondu, a acheté.*

5) *Practise answering questions in the perfect tense. Start each answer with "Oui, j'ai ..." or "Non, je n'ai pas ..."*

Examples

Questions	Answers
Vous avez bu du vin?	*Oui, j'ai bu du vin.*
Vous n'avez pas pris le train?	*Non, je n'ai pas pris le train.*

1) Vous avez déjà mangé?
2) Vous avez pris l'avion?
3) Vous n'avez pas oublié les billets de train?
4) Vous avez bien dormi ?
5) Vous n'avez pas réservé?

6) Vous n'avez pas compris?
7) Vous avez rempli la fiche?
8) Vous avez fait bon voyage?
9) Vous n'avez pas vu l'appartement?
10) Vous avez fini?

GRAMMAR
Verbs taking être as their auxiliary verb

1) About 13 verbs use *être* (to be) as their auxiliary verb instead of *avoir*.

The verb to be:

je suis	*nous sommes*
tu es	*vous êtes*
il est	*ils sont*
elle est	*elles sont*

Here is the list of the verbs taking être:

tomber: tombé	*naître: né*	*arriver: arrivé*
(to fall)	(to be born)	(to arrive)
aller: allé	*retourner: retourné*	*sortir: sorti*
(to go)	(to return)	(to go out)

GRAMMAR CONTINUED

partir: parti (to leave)	*rester: resté* (to stay)	*monter: monté* (to go up)
entrer: entré (to go in)	*venir: venu* (to come)	*mourir: mort* (to die)
descendre: descendu (to go down)		

Examples

Je suis allé   I went
Il est sorti   He went out

2) With these verbs the past participle must agree with the subject

Example: *rentrer*

MASCULINE	FEMININE
Je suis rentré	Je suis rentrée
tu es rentrée	tu es rentrée
il est rentré	elle est rentrée
nous sommes rentrés	nous sommes rentrées
vous êtes rentré(s)	vous êtes rentrée(s)
ils sont rentrés	elles sont rentrées

The past participle matches the person(s) concerned:
For a masculine singular it remains as it is: allé, parti, etc.
For feminine singular, you add an e: allée, partie, etc.
For masculine or mixed plural, you add an s: allés, partis, etc.
For feminine plural, you add es: allées, parties, etc.

Exercises
answers on p.140

6) *Choose the right past participle for each of these sentences.*

1) Elle est (venue, venu, venues) chez moi.

2) Vous êtes (allée, allés, allées) en Espagne, Madame?

3) Nous sommes (descendus, descendue, descendu) du train.

4) Alain, tu es (parti, partis, partie) de bonne heure.

5) Ma fille est (entré, entrée, entrées) dans le magasin.

6) Monsieur, vous êtes (arrivé, arrivés, arrivée) à temps.

7) 'Je suis (né, née, nées) en France' a dit Joséphine.

8) Mes enfants, vous êtes (sorti, sortis, sortie) hier soir?

9) Ils sont (tombées, tombés, tombé) de l'arbre.

10) Elle est (montées, monté, montée) au premier étage.

7) *Complete the following sentences by adding the past participle fo the verb given*

Example:
Gisèle et Corinne sont ... à la maison. (rester)
*Gisèle et Corinne sont **restées** à la maison.*

1) Mon ami est ... en France. (aller)

2) Votre frère n'est pas ... hier. (sortir)

3) L'autobus est ... en retard. (partir)

4) À quelle heure est-ce qu'elle est... ? (rentrer)

5) Nous sommes ... à midi. (arriver)

6) Il a fait du ski et il n'est jamais ... (tomber)

7) Vous êtes ... dans vos chambres. (entrer)

8) Elle est ... en 1960. (mourir)

9) Les visiteurs sont ... dans l'hôtel. (rester)

10) Ils sont ... en Angleterre. (naître)

8) *Fill in the gaps in these questions with the correct auxiliary verb. Is it avoir or être?*

1) ... vous visité Paris, Madame?

2) Pourquoi ... tu partie ?

3) Est-ce que vous ... écrit une lettre?

4) Quand ... il arrivé ?

5) Est-ce qu'elle ... pris le train?

6) Qu'est-ce que vous ... dit?

7) Où ... vous allés en vacances?

8) Comment ... elle tombée?

9) Pourquoi n' ... vous pas joué au hockey?

10) A quelle heure ... ils sortis?

Challenge
answers on p.140

The following sentences are in the present tense. Put them into the perfect tense remembering to make the past participle agree when necessary.

1) Ils mangent des pommes.

2) Mes parents arrivent ce matin.

3) Nous écrivons peu de lettres.

4) Il fait froid.

5) Elles viennent de bonne heure.

6) Vous réservez votre place.

7) Je dis: 'Bonjour'.

8) Tu finis ton travail à quatre heures.

9) Il va en Espagne en juin.

10) Ma soeur sait parler anglais.

11) Je suis en France.

12) J'ai trois chats.

13) Nous prenons la voiture.

14) Elles sortent du cinéma à 10 heures.

15) J'aime ce restaurant.

Part II   En français maintenant

LOOKING FOR WORK IN FRANCE

L'Agence Nationale pour l'Emploi (l'ANPE)

Migrant workers can benefit from the services offered by the ANPE when looking for a job in France. The ANPE is the Government Job and Unemployment Agency and you can find one of its offices in each French town. But, how can it help you find a job?

Read the following text and answer the questions in French.

Vocabulary

une fois inscrit	: once registered
un prospecteur placier	: a job attendant
les entreprises	: firms
un employeur	: an employer
des panneaux d'affichage	: notice boards
un poste Minitel	: a Minitel terminal
un fichier	: a file
répondeurs téléphoniques	: telephone answering machines
une annonce	: an advertisement
une candidature spontanée	: direct application
le chef d'entreprise	: firm manager
le chef du personnel	: personnel manager
une connaissance	: knowledge
embauche	: recruitment

 L'ANPE est en contact avec les **entreprises** locales et peut prendre rendez-vous pour vous avec un **employeur**.

Chaque agence présente les offres d'emploi sur **des panneaux d'affichage**. Si une offre vous intéresse, adressez-vous au prospecteur placier pour en discuter.

Un poste Minitel est aussi à votre disposition pour interroger un **fichier** d'offres d'emploi. Faites le 36 15 et tapez ULYSSE pour ce service.

Chaque semaine, vous pouvez consulter un journal d'offres d'emplois en France et à l'étranger.

Enfin, certaines agences sont équipées de **répondeurs téléphoniques**. Téléphonez et vous aurez la liste des emplois disponibles dans la région.

Si vous ne voulez pas utiliser les services de l'ANPE, vous pouvez bien sûr entrer en contact directement avec une entreprise. Si vous avez vu une **annonce** dans un journal, vous devrez envoyer une lettre ainsi qu'un CV.

Vous avez peut-être décidé d'écrire une lettre de **candidature spontanée** à une entreprise, dans ce cas, envoyez la lettre au **chef d'entreprise** dans les moyennes et petites entreprises, et au **chef du personnel** dans les grandes entreprises.

Pour un candidat étranger, une bonne **connaissance** de la langue française est en général une condition **d'embauche**.

Questions *(Answers on pp.140-141)*

1) Où faut-il s'inscrire pour bénéficier des services de l'ANPE?
2) Qu'est ce que le prospecteur placier pourra faire pour vous?
3) Est-ce que l'ANPE peut entrer en contact directement avec un employeur?
4) Où sont présentées les offres d'emploi?
5) Est-ce qu'on peut avoir accès à des offres d'emploi par le Minitel?
6) Qu'est-ce qu'on peut consulter chaque semaine?
7) Est-ce que toutes les agences ont le répondeur téléphonique?
8) Qu'est-ce que vous devez envoyer à une entreprise, si vous faites une demande d'emploi?
9) À qui écrivez-vous dans une petite entreprise?
10) Citez l'une des conditions d'embauche pour les étrangers.

GRAMMAR

Asking questions

When you apply for a job, you hope to be called for an interview. This, in general, implies being able to answer and ask a wide range of questions.

In French there are three common ways of asking questions.

1) The easiest way is just to **raise your voice at the end of a sentence.**

   Examples:
   Vous habitez dans la région?
   Vous avez des enfants?

2) The second way of asking questions is to **put a 'question word' at the beginning of a sentence.**

   Examples:

Est-ce que vous parlez français?	Do you speak French?
Qu'est-ce que vous aimez?	What do you like?
Où est-ce que vous allez?	Where do you go?
Quand est-ce qu'il arrivera?	When will he arrive?

GRAMMAR CONTINUED

Note the word order in the French sentences: if you use *est-ce que* in your questions, the order is:

'Question word(s)'	+	subject	+	verb
Où est-ce que		*vous*		*allez?*

3) The third way of asking questions involves **inverting the position of the subject and the verb in the sentence.**

Examples:

Avez-vous une voiture?	Do you have a car?
Quand partirez-vous?	When will you leave?
Comment voyagez-vous?	How do you travel?
Parle-t-il anglais?	Does he speak English?

Note that as in the last example, the *t* and the hyphens are put in when two vowels come together; it can only happen with '*il*' or '*elle*'.

Examples:

Mange-t-elle beaucoup?	Does she eat a lot?
Va-t-il loin?	Does he go far?

Summary

The following statement can be made into a question by using any of the three methods:

STATEMENT   *Les banques sont ouvertes.*

QUESTIONS   *Les banques sont ouvertes?*
Est-ce que les banques sont ouvertes?
Les banques, sont-elles ouvertes?

In the perfect tense, when asking a question, follow the word order in the examples given

PRESENT TENSE	PERFECT TENSE
Tu pars?	*Tu es parti?*
Est-ce que tu pars?	*Est-ce que tu es parti?*
Pars-tu?	*Es-tu parti?*

Here is the list of useful 'question words'.

Qui?	who?	*Où?*	where?
Quand?	when?	*À quelle heure?*	at what time?
Depuis quand?	since when?/for how long?	*Quel/quelle/quels/quelles?*	which?
Combien?	how much?/how many?	*Qu'est-ce que?*	what?
Comment?	how?		

 **Exercise**
answers on p.141

Here are some questions which you might ask or be asked by someone while staying in France. Some suggested answers are also given. Can you match up the answers and the questions correctly?

Questions

1) Pourquoi êtes-vous en retard?
2) Parlez-vous allemand?
3) Comment êtes-vous venue ici?
4) Avez-vous un ordinateur?
5) Aimez-vous les travaux routiniers?
6) Quels sports faites-vous?
7) Où avez-vous passé vos vacances?
8) Qu'avez-vous fait hier soir?
9) Quel train prendrez-vous?
10) Quand avez-vous écrit cette lettre?

Answers

a) Non, je déteste la routine.
b) Je suis allé en Italie.
c) Celui de 10 heures.
d) J'ai manqué mon train.
e) Oui, très bien.
f) Je suis sortie avec Denis.
g) Il y a cinq jours.
h) Je joue au tennis.
i) Je suis venue à pied.
j) Non, mon frère en a un.

Using a telephone

Making an appointment

It is common practice in France for an employment agency or a firm to advertise in a newspaper and ask applicants for the vacancy to make an appointment by telephone.

Imagine that you have seen such an advertisement and that you decide to telephone. Listen to the following conversation and practise the part of the 'postulant' (the applicant).

SECRÉTAIRE Allo, oui, ici la société Alpha.
POSTULANT **Bonjour, je vous téléphone pour prendre rendez-vous. C'est au sujet de l'annonce dans le Figaro pour le poste d'agent technique.**
SECRÉTAIRE Oui, un instant s'il vous plaît... Pouvez-vous venir le 16 juillet à 14 heures?
POSTULANT **Oui, d'accord.**
SECRÉTAIRE Vous êtes monsieur...?
POSTULANT **Monsieur Smith. S M I T H.**
SECRÉTAIRE Alors, jeudi le 16 juillet à 14 heures, c'est noté. Au revoir monsieur.
POSTULANT **Au revoir.**

Finding out about a job

You have read an advertisement in a newspaper and you decide to phone the firm to find out whether the post is still vacant and ask if you need to get an application form for the job.

Listen to the following conversation and practise the part of Mrs Junior.

MRS JUNIOR   Allo, la société 'Immobilier Est'?

SECRETAIRE   Oui, bonjour, que puis-je faire pour vous?

MRS JUNIOR   **Bonjour, je vous téléphone au sujet de la petite annonce parue dans Le Monde du 4 juin. Le poste de comptable, il est toujours disponible?**

SECRETAIRE   Oui, madame.

MRS JUNIOR   **Est-ce qu'il faut remplir un formulaire de demande?**

SECRETAIRE   Non, envoyez simplement une lettre ainsi que votre CV dès que possible.

MRS JUNIOR   **Bon, merci beaucoup, au revoir madame.**

Practice dialogues

Now see if you could do the following:

1) You are phoning the shop 'Tout ou rien' and asking if you could make an appointment. Say that you have read an advertisement for the job of shop assistant (vendeur/vendeuse).

2) Phone the firm 'Couteaux et fourchettes' and ask if the position of accountant is still vacant. Ask if you have to send an application form.

Part III   Consolidation

LOOKING FOR A JOB IN THE NEWSPAPERS

The following advertisements are taken from several newspapers published in France. Check if you can understand what each employer or agency wants by answering the questions in English.

● BOUCHERS EXPERIMENTES

Postes à pourvoir à **Colmar.** Se présenter au magasin lundi 21 août de 14h à 17h.

△ **PRISME**
engineering ressources humaines

35/37, Avenue Aristide Briand 68200 MULHOUSE

Hôtel **BRISTOL***** à **COLMAR**
cherche pour son restaurant
«RENDEZ-VOUS DE CHASSE» (1 étoile Michelin)

CUISINIERS

Libéré O.M. - Bonne expérience professionnelle demandée
Se présenter le matin ou tél. 89 23 59 59
(595523)

- Cherche pour défilé de mode mannequin hommes et femmes.
Tél. 82 58 82 83 hdb.

CABINET RELATIONS PUBLIQUES 16ᵉ

recherche pour son département communication financière

SECRÉTAIRE TTX WORD 4 BILINGUE ANGLAIS

expérience 5 ans minimum. Adresser c.v., photo et prétentions au

service du personnel, Actis Relations Publiques, 78, av. Raymond-Poincaré, 75116 Paris.

SOCIÉTÉ IMMOBILIÈRE
recherche
pour remplacement du 28 juin au 6 septembre 1989

GARDIEN
NON LOGÉ

D'UN PASSAGE COMMERCIAL

Se présenter SOCIETE PASSAGE JOUFFROY, 16, passage Jouffroy, 75009 PARIS.

RENAULT ETOILE
recherche

VENDEURS CONFIRMES

Minimum 1 an expérience.

Tél. à Mme DELAITRE
47.63.11.31

Recrute pour le Service d'Application "Fibres"

INGENIEUR CHIMISTE

- Connaissances appréciées dans les colorants, polymères et textiles
- Déplacement à l'étranger
- Age idéal : 25 à 35 ans
- Allemand et anglais nécessaires

CONTESSE

**Adresser C.V. et prétentions au
Chef du Personnel de SANDOZ HUNINGUE S.A.**

Questions *(Answers on p.141)*

1) Does the shop looking for butchers want the candidates to make an appointment before introducing themselves?

2) Someone is looking for models for a fashion show. Can men apply for the job?

3) Sandoz Huningue wants an engineer. Will the engineer have foreign assignments?

4) Can a 40-year-old engineer apply for the job?

5) Which foreign languages is the applicant expected to know?

6) The Hotel Bristol in Colmar requires cooks. If someone interested in the job does not want to phone in, when can he or she go to the hotel for an interview?

7) Renault is advertising for salesmen. Will the company accept someone new to the profession?

8) In which department will the bilingual secretary needed in Paris have to work?

9) How much experience is she expected to have?

10) One agency is looking for a night-watchman. Is accommodation provided?

A job with a future? The French traffic warden

Being a traffic warden: is it an easy job? A demanding one? What are the requirements to become un 'gardien de la paix'? Do you have to sit an exam? Can anyone become a French traffic warden?

Find out all about it in the following article and answer the questions in English.

Gardien de la paix

Vocabulary

citoyen	: citizen
casier judiciaire	: police record
une bonne vue	: good eyesight
voie publique	: street
concours	: competetive examination
une épreuve	: a test

Les conditions à remplir

Vouz devez:

- être citoyen <u>français</u> – <u>homme ou femme,</u>
- être âge(e) de 17 à 28 ans,
- avoir un <u>casier judiciaire vierge</u>
- subir une visite médicale et être reconnu <u>physiquement apte.</u>

Il faut pour cela:
— une taille minimale : 1,71 m pour les hommes, 1.63 m pour les femmes,
— une bonne vue,
— une constitution robuste : aptitude au service sur la voie publique, de jour comme de nuit,

- passer avec succès un concours de recrutement

Epreuves:
— un test de pré-sélection,
— une dictée (coefficient 2),
— une rédaction (coefficient 2)
— deux problèmes de mathématiques (coefficient 2),
— un entretien avec un jury (coefficient 4),
— des épreuves physiques (coefficent 3),
— une épreuve facultative

Nul ne peut se présenter plus de 3 fois au concours.

 Questions *(Answers on p.141)*

1) Do you need to be a French national to be a traffic warden in France?
2) Would a 30 year old woman be considered for training?
3) Can you become a traffic warden if you have had previous convictions?
4) Why would an applicant have to get a medical certificate?
5) Do women have to be taller than men for this job?
6) Are traffic wardens expected to work during the day and at night?
7) Do all applicants have to sit an exam before receiving training?
8) Which part of the exam is worth the maximum number of marks?
9) Are French and Maths tested in this exam?
10) How often is an applicant allowed to resit the entrance examination?

Training for a job

Many institutions offer school leavers or adults the opportunity to develop an ancillary skill.

The following private school in France is open to anyone interested in learning or practising French.

*Read the advertisement and answer **true** or **false** to the statements.*

ENGLISH STUDY CENTRE
75 RUE DES QUATRE EGLISES
54000 NANCY
Tel: 83 35 28 62

FORMATION EN ENTREPRISE

ENGLISH STUDY GROUPS: Quatre niveaux

Groupes de huit personnes maximum
25 heures: 5950 Francs H.T. par groupe
(29 Francs 75 par personne de l'heure si huit dans un groupe)

TECHNICAL ENGLISH

Module de 25 heures d'anglais adapté aux besoins spécifiques du personnel d'une entreprise.
Groupes de huit personnes maximum
25 heures: 6950 Francs H.T. par groupe

BUSINESS ENGLISH

Anglais commercial adapté aux besoins spécifiques d'une entreprise
Groupes de huit personnes maximum
25 heures: 6950 Francs H.T. par groupe

SPECIALIZED WORKSHOPS

Consolidation et pratique de l'anglais courant.
Des ateliers spécialisés dans la pratique de l'anglais dans des 'real life situations'.

Ateliers tels que: pratique de l'entrevue en anglais, marketing présentation de l'entreprise à des visiteurs étrangers, traduction, prononciation, rédaction de rapports, préparation de réunion, etc.
Atelier de trois heures: 250 Francs H.T. par personne
 (minimum 4 personnes dans le groupe)

Questions *(Answers on p.141)*

☑ *Tick the appropriate box*

	True	False
1) The English study groups contain a maximum of 6 people.	☐	☐
2) There are 4 levels of groups.	☐	☐
3) The price is the same if there are 8 people or less in a group.	☐	☐
4) Technical and business English is only for executives.	☐	☐
5) Technical and business English groups cost 278 francs per hour.	☐	☐
6) An *atelier* lasts for 4 hours.	☐	☐
7) An *atelier* is only for practising pronounciation.	☐	☐
8) An *atelier* costs 250 francs per hour.	☐	☐
9) The courses advertised take place in the centre itself.	☐	☐
10) Other languages than English are taught at the centre.	☐	☐

Stress at work: a tragic accident

An overworked anaesthetist in the town of Metz committed an error which proved to be fatal both for the patient and for himself.

Read the following newspaper article and answer the questions in English.

Un médecin lorrain : «Une spécialité à stress...»

METZ. — Stress, fatigue, surmenage : à Melun, un médicin anesthésiste n'a pas supporté qu'un enfant opéré soit mort. Il s'est suicidé. On n'avait rien à lui reprocher. «Il était exténué», affirment ses proches.

«C'est vrai, confie à Metz un médicin anesthésiste, c'est une spécialité stressante et exténuante, parce qu'elle comporte de hautes responsabilités. C'est pourquoi l'anesthésie exige une maîtrise de soi et une attention de tous les instants. Et elle impose que l'on s'investisse complètement». Ce qui explique que, parfois, les anesthésistes aillent au bout de leurs forces et surtout de leurs neufs et se retrouvent stressés et fatigués. Et comment donc ne pas l'être quand revient sans cesse dans la bouche des malades, la même question toujours répétée : «vous en êtes sûr, docteur je me réveillerai?...»

Vocabulary

un anesthésiste	: an aesthetist
le surmenage	: overworking
exténué	: exhausted
une maîtrise de soi	: self-control
s'investir	: to get involved

Questions *(Answers on p.141)*

1) What are the three causes of the accident?
2) Who was the patient in the hospital?
3) What happened to the patient?
4) How did the anaesthetist react after the accident?
5) Why is the job of an anaesthetist very stressful?
6) Name the two major qualities an anaesthetist should possess.
7) Is dedication one of the factors responsible for nervous fatigue and physical exhaustion?
8) Does this article give you the impression that patients' attitudes contribute to an anaesthetist's feelings of anxiety?
9) Which question do patients keep asking before they receive an injection?
10) According to this article, are all patients at risk?

Further tasks

1) Write a letter of application in French for one of the jobs advertised on page 61. *(120/130 words)*

2) Write your C.V. in French.

3) Write 250 words in French about the advantages and disadvantages of working in a foreign country.

Chapter 5
Where to stay

The various types of holiday accomodation and how to book them are the main themes of this chapter.

In Part I you are reminded of the use of the relative pronouns *qui, que, dont* in a letter written by a dissatisfied holidaymaker. Practice exercises will enable you to use them with confidence.

Part II introduces *Gîtes de France*, hotel accommodation (including booking a room in a hotel), asking the way and understanding directions in France.

In Part III information about camping and house buying in France will extend your understanding of publicity literature on these subjects.

Note: The meaning of difficult vocabulary is given for each passage in French and highlighted in italic throughout the passage. The particular grammar point being practised is highlighted in bold italic type.

Part I   Rappel

A HOLIDAY TO REMEMBER

Mr and Mrs Albert have returned from a holiday in the Vienne area in France.

Read the letter of complaint they have written to the agency which rented a cottage to them before answering the questions in English.

Vocabulary	
En pleine campagne	: in the heart of the countryside
Au rez-de-chaussée	: on the ground floor
Sales	: dirty
La chasse d'eau	: the toilet flush
Ne marchait pas	: did not work
Vous devriez	: you ought to

M. Albert
8, rue de l'église,
Hayange. 57000

Agence "Bonnes vacances"
Place de la Liberté
87000 Limoges.

Le 5 septembre 1990,

Monsieur,

Ma femme et moi venons de faire un séjour dans une de vos maisons de vacances **qui** s'appelle "Chez nous" à Saint-Brisson dans la Vienne. A la fin de ces vacances mémorables je voudrais faire les réflexions suivantes:

Cette maison, de "caractère rustique *en pleine campagne*" est située au bord d'une route nationale **qui** est utilisée par d'énormes camions **qui** font un bruit épouvantable du matin au soir.

Ce **que** vous appelez "maison indépendante" dans votre brochure est en fait un appartement situé *au rez-de-chaussée* de la maison **qui** est occupée par le propriétaire.

Vous dites aussi **que** six personnes peuvent y loger mais il n'y a de place que pour quatre adultes. Deux des lits sont des divans **qui** sont trop inconfortables pour y dormir.

A notre arrivée, nous avons aussi trouvé **que** la salle de bains et les W.C. étaient *sales* et **que** la chasse d'eau *ne marchait pas*.

Je pense **que** *vous devriez* aller voir cette maison et parler à son propriétaire. J'espère aussi **que** vous nous rembourserez au moins la moitié du prix de la location.

Dans l'attente d'une réponse, je vous prie d'agréer Monsieur, l'expression de mes salutations distinguées.

M. Albert

Questions *(Answers on p.141)*

1) In which part of France did Mr and Mrs Albert spend their holiday?
2) Is the cottage situated on the side of a quiet country lane?
3) Who makes the unbearable noise Mr Albert complains about?
4) Is the cottage a detached house?
5) Where does the owner of the cottage live?
6) According to Mr Albert, how many people can comfortably stay in the cottage?
7) Why?
8) What are the two sources of complaint concerning the bathroom and the toilets?
9) What is the first thing Mr Albert wants the agency to do?
10) Does he hope to get his holiday fully refunded?

GRAMMAR

The pronouns *qui/que/dont*

Qui/que/dont are called relative pronouns and their main purpose is to link two parts of a sentence together.

• *Qui* means who/which/that

1. It is used for things as well as persons.

    Examples:
*L'homme **qui** parle*	the man **who** is talking.
*La maison **qui** est située*	the house **which** is situated

2. Qui used with prepositions means whom and may only refer to persons:

    Example: *avec qui* (with whom), *sans* (without), *à* (to) etc...

• *Que* means whom/which/that

1. *Que* can sometimes be left out in an English sentence.

2. *Que* is never omitted in French.

3. *Que* shortens to *qu'* in front of a vowel.

    Examples:
*La maison **que** j'achète*	the house **(which)** I buy.
*La femme **qu'il** aime*	the woman **(whom)** he loves.

 Exercises
answers on p.142

1) *Make each pair of sentences into one using the relative pronoun* qui *as a linking word.*

Example:
Voici la maison. Elle est grande.
*Voici la maison **qui** est grande.*

1) Voici la voiture. Elle arrive.
2) C'est ma soeur. Elle habite en France.
3) J'ai trois frères. Ils sont très jeunes.
4) Je vais au cinéma. Il est près de la poste.
5) Nous avons beaucoup de disques. Ils sont modernes.
6) Voici un restaurant. Il est excellent.
7) Je déteste les voitures. Elles roulent lentement.

8) Vous avez des plantes. Elles sont très belles.

9) Elle lit un livre. Il est intéressant.

10) C'est un employé. Il travaille bien.

2) *Do the same as in Exercise 1, this time using* que *or* qu'.

Example:

C'est le vin. Je préfère le vin.

C'est le vin **que** *je préfère.*

1) Voici la voiture. Je vends la voiture.

2) C'est un appartement. J'achète l'appartement.

3) Vous avez le livre. Elle veut le livre.

4) Il n'aime pas la robe. Je porte la robe.

5) Vous n'avez pas le disque. Elle veut acheter le disque.

6) Il y a deux journaux. Je ne lis jamais les deux journaux.

7) Ce sont des fruits: Vous détestez les fruits.

8) Voilà la carte postale. Nous écrivons la carte postale.

9) Vous regardez les gâteaux. Je mange les gâteaux.

10) Ce n'est pas le château. Il préfère le château.

3) *Which of the phrases on the right completes the sentences begun on the left? Match them up and make the full sentence. In some cases several endings are possible.*

1)	Je déteste les gens	a)	que vous louez.
2)	C'est une chanson	b)	qui sont très jolies.
3)	Il dit	c)	que je mange, est délicieux.
4)	C'est un hôtel	d)	qui est souvent malade.
5)	C'est un employé	e)	qui habitent là-bas.
6)	Vous aimez le pain	f)	qui ai raison.
7)	Le gâteau	g)	qu'il est malade.
8)	Ce sont des fleurs	h)	qui a 18 chambres.
9)	Voici la maison	i)	qu'on vend ici.
10)	C'est moi	j)	qu'elle chante mal.

GRAMMAR

The relative pronoun *dont*

Dont means whose/of whom/about whom/of which/about which.

1. *Dont* can refer to people or things.

2. In a French sentence, *dont* must always be the first word in its own clause.

   Examples:

   *C'est le livre **dont** j'ai parlé.*   It is the book **of which** I spoke.

   *Voici l'homme **dont** vous admirez la voiture.*   Here is the man **whose** car you admire.

   *Voici la maison **dont** le jardin est très grand.*   Here is the house the garden **of which** is very big.

   [Note the word order in the last two examples:
   *... **dont** vous admirez la voiture.*   (lit. of whom you admire the car)
   *... **dont** le jardin est très grand.* (lit. of which the garden is very big)]

3. *Dont* meaning 'which' replaces *qui* or *que* when the verb used in its clause is followed by *de* in the infinitive.

   A number of French verbs are followed by *de* in the infinitive:

   Examples:

parler de	to speak of
avoir peur de	to be frightened of
se servir de	to use
être content de	to be happy of
etc...	

   *Il y a des animaux **dont** j'ai peur.*   There are some animals **(which)** I am frightened of.

   *Voici le stylo **dont** il se sert.*   Here is the pen **(which)** he uses.

 Exercises
answers on p.142

4) *Rework the following sentences, using* dont *as a linking word and starting each time with:*
   Voici... *(here is/here are).*

   Examples:

   C'est un restaurant. Les repas sont excellents.
   *Voici un restaurant **dont** les repas sont excellents.*

   Je me sers du dentifrice.
   *Voici le dentifrice **dont** je me sers.*

   1) Ce sont des murs. Il déteste la couleur.

   2) C'est un homme. Je connais bien la fille.

3) Il y a une maison. Les fenêtres sont fermées.

4) Tout le monde parle de la danseuse.

5) Je me souviens de l'homme.

6) Je me sers de la crème solaire tous les étés.

7) C'est un politicien. Je respecte les idées.

8) Vous vous souvenez de la pièce de théatre.

9) Ils ont peur de la panthère.

10) J'ai des enfants. Je suis très fière.

5) *Here are some jumbled up sentences. Unravel them into the correct word order.*

1) Je me dont voilà machine sers la.

2) Dont vous le c'est parlez disque

3) Le chien avez vous dont peur voici.

4) Un dont homme l'intelligence c'est admirez vous.

5) Une banque le directeur dont c'est compréhensif est.

Challenge

answers on p.142

Complete the following sentences with qui/que/qu'/or dont.

l) C'est ma femme ... conduit la voiture.

2) Qui est l'homme ... vous parlez?

3) C'est une ville ... je connais bien.

4) J'habite dans un village ... est situé au bord de la mer.

5) Ce sont des vacances ... j'ai besoin.

6) J'ai des nouvelles ... je suis contente.

7) Vous avez tort, c'est moi ... ai raison.

8) La machine ... je me sers, est compliquée.

9) C'est un magazine ... est hebdomadaire.

10) Donnez-lui tout ce ... elle veut.

Part II   En francais maintenant

ACCOMMODATION

In this section we are going to look at two types of accommodation in France: *Gîtes de France* and hotel accommodation. Both offer a variety of choices which you can select according to your needs (holidays or business trips) and your budget.

First of all, here is a selection of what the *Fédération Nationale des Gîtes de France* has to offer.

Read the text below and answer the questions following it in French.

 ## Les gîtes de France

L'une des propositions que la Fédération Nationale des Gîtes de France offre aux touristes en France, est celle du gîte rural. C'est généralement une maison meublée qui est située près d'une ferme ou dans un village. Le prix est fixé à la semaine. Si vous ne voulez qu'une chambre, vous pouvez louer un gîte-chambre d'hôte; c'est une chambre louée chez un propriétaire dans une ferme ou dans un village et le prix de la nuitée comprend le petit déjeuner.

Il y a aussi les gîtes d'enfants qui acceuillent les enfants de six à treize ans en pension complète pendant les vacances scolaires. Ce sont des gîtes dont l'atmosphère est familiale et où l'enfant participe souvent à la vie de la ferme. Vous pouvez aussi choisir le gîte camping-caravaning à la ferme. C'est une solution bon marché pour les campeurs qui préfèrent la tranquilité d'un terrain de camping où il n'y a que six emplacements à louer au maximum.

Il y a enfin les gîtes d'étape pour les randonneurs (ils sont situés en pleine campagne et on paie à la journée), et les fermes-auberges qui permettent d'héberger des groupes. Si vous désirez obtenir d'autres renseignements sur les gîtes de France, écrivez tout simplement au bureau du tourisme de la région que vous voulez visiter.

Vocabulary	
Une maison meublée	: a furnished house
La semaine	: the week
Louée	: rented
La nuitée, la nuit	: the night
Comprend	: includes
Acceuillent	: welcome
Pension complète	: full board
La vie	: the life
Bon marché	: cheap
Les randonneurs	: ramblers, hikers
Héberger	: to put up, to shelter

Questions *(Answers on pp.142-143)*

1) Où est situé le gîte rural?

2) Comment est fixé le prix du gîte?

3) Est-ce que le petit déjeuner est compris dans le prix du gîte-chambre d'hôte?

4) Quel âge ont les enfants qui vont dans les gîtes d'enfants?

5) Est-ce que les enfants participent à la vie de famille?

6) Quelle sorte de campeurs choisira le gîte camping-caravaning à la ferme?

7) Est-ce que le camping à la ferme est une solution chère?

8) Qui utilise les gîtes d'étape?

9) Où est-ce que les groupes de touristes peuvent loger?

10) Où faut-il écrire pour avoir des renseignements supplémentaires?

Asking the way and understanding directions

If you decide to rent a *gîte*, you will be sent directions about how to get to it. Some of the *gîtes* are situated in villages and they will be easy to find, others might be on isolated farm houses. Do you remember how to ask your way somewhere and understand directions? Here is a quick reminder.

GRAMMAR

Asking the way

There are two easy sentences to remember:

a) The first one is:

Où est	*le gîte "Au bon séjour" s'il vous plaît?*	(singular)
	la rue de l'Eglise s'il vous plaît?	
Where is	the gîte "Au bon séjour" please?	
	the street "de l'église" please?	
Où sont	*les toilettes s'il vous plaît?*	(plural)
	les téléphones s'il vous plaît?	
Where are	the toilets please?	
	the telephones please?	

GRAMMAR CONTINUED

b)   The second one is:

Pour aller à. Literally: **To go to.**

Examples: *Pour aller à* Chamonix, *s'il vous plaît?*
Pour aller à la ferme, s'il vous plaît?
Pour aller au gîte, s'il vous plaît?
Pour aller à l'hôtel, s'il vous plaît?
Pour aller aux magasins, s'il vous plaît?

You must use *à* on its own in front of names of towns;

à la	is followed by a word whose gender is **feminine,**
à l'	is followed by a word starting with a **vowel or an h,**
au	is followed by a word whose gender is **masculine,**
aux	is followed by a word in the **plural.**

Understanding directions

If you ask your way in France, you might not understand the answer fully each time. The following list of directions should help:

Tournez à gauche	: turn left
Tournez à droite	: turn right
Allez tout droit	: go straight on
Continuez jusqu'à ...	: carry on until ...
Prenez la première rue à gauche	: take the first street on the left
Prenez la deuxième rue à droite	: take the second street on the right
Troisième, quatrième etc	: third, fourth etc
Traversez la place	: cross the square
Au bout de la rue	: at the end of the street
Aux feux de circulation	: at the traffic lights

Exercises

answers on p.143

Look at the plan on the next page of Beaune, a beautiful town situated in Burgandy, and see if you can follow the directions leading you to a different hotel each time.

The numbers on the plan correspond to the names of the hotels on the adjoining list. Simply follow the directions given and name the hotels you get to.

You start in the Route de Verdun, next to number 11 at the bottom of the plan.

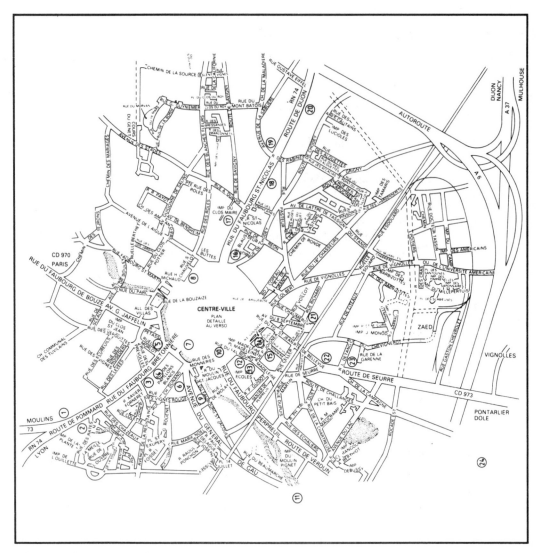

1) Allez tout droit, prenez la troisième rue à gauche et tournez à droite. Allez tout droit et prenez la première rue à gauche. L'hôtel est au bout de la rue, à droite.

2) Allez tout droit et prenez la cinquième rue à droite. Vous prenez ensuite la première rue à gauche et vous y êtes.

3) Allez tout droit et prenez la première rue à droite. Continuez tout droit jusqu'à la route de Seurre. Tournez à gauche et l'hôtel est à votre droite.

4) Allez tout droit et prenez la quatrième rue à droite. Continuez tout droit jusqu'à l'Avenue du 8 Septembre. Traversez l'avenue et l'hôtel est en face de vous.

5) Allez tout droit et continuez jusqu'au bout de la Rue du Faubourg. Tournez à droite et prenez la première rue à droite. L'hôtel est à votre droite.

Now start at number 20 directly opposite number 11 on the plan.

You are on the Route de Dijon, next to number 20.

6) Continuez tout droit et prenez la première rue à droite. Comment s'appelle l'hôtel à votre droite?

7) Allez tout droit et continuez jusqu'au bout du Faubourg St Nicolas. L'hôtel est à votre gauche.

8) Allez tout droit et prenez la première rue à gauche. Tournez à droite et continuez tout droit jusqu'à la Rue Colbert. Tournez à gauche, continuez tout droit et prenez la première rue à droite. L'hôtel est dans cette rue.

Start at number 1 in the left-hand corner of the plan.

9) Allez tout droit et vous verrez l'hôtel dans cette rue, à droite.

10) Continuez tout droit et prenez la troisième rue à droite. Tournez à gauche et allez jusqu'au bout de la rue. Tournez à gauche et l'hôtel est sur votre gauche.

Les Hotels

Avec Restaurant

No Du Plan				Etoiles	
5	4	NN	HOTEL DE LA POSTE, boulevard Clemenceau		80.22.08.11
10	3	NN	CENTRAL HOTEL -2, rue Victor-Millot		80.24.77.24
13	3	NN	HOTEL DE LA CLOCHE, 40 place Madeleine		80.22.22.75
24	3	NN	PLM RELAIS MOTEL (à 7 km sur A6)		80.21.46.12
1	3	NN	SAMOTEL, route de pommard		80.22.35.55
6	2	NN	HOTEL ARCADE, avenue Charles-de-Gaulle		80.22.75.67
22	2	NN	HOTEL BELLEVUE, 5, route de Seurre		80.22.36.85
15	2	NN	AUBERGE BOURGUIGNONNE, place Madeleine		80.22.23.53
9	2	NN	HOTEL DE BOURGOGNE, avenue Charles-de-Gaulle		80.22.22.00
11	2	NN	CLIMAT DE FRANCE (sortie péage autoroute)		80.22.74.10
21	2	NN	HOTEL DE FRANCE, place de la Gare		80.22.19.99
23	2	NN	HOTEL GRILLON, 21, route de Dijon		80.22.44.25
20	2	NN	AU RAISIN DE BOURGOGNE, route de Dijon		80.24.69.48

Sans Restaurant

				Etoiles	
7	4	NN	HOTEL LE CEP, 27 rue Maufoux		80.22.35.48
2	3	NN	LA CLOSERIE, 61, route de Pommard		80.22.15.07
16	3	NN	HENRY II, 12-14 rue du Faubourg Saint-Nicolas		80.24.70.73
19	2	NN	ALESIA, 4, avenue des Sablières		80.22.63.27
3	2	NN	BEAUN'HOTEL, 55, rue du Faubourg Bretonnière		80.22.15.77
4	2	NN	HOSTELLERIE DE BRETONNIERE, 43, rue du Faubourg Bretonnière		80.22.15.77
18	2	NN	LE HOME, 138, route de Dijon		80.22.16.43
8	1	nn	FOCH, 24, boulevard Foch		80.22.04.29
12	1	nn	GRAND SAINT-JEAN, 18 rue du Faubourg Madeleine		80.22.15.22
17	1	nn	SAINT-NICOLAS, 69, rue de Faubourg Saint-Nicolas		80.22.18.30
14			TOURISME HOTEL ROUSSEAU, 11, place Madeleine		80.22.13.59

Booking hotels

If you do not want to rent a gîte in France, you might wish to book a room in a hotel. You can write a letter to book your room or simply do the booking by telephone. It is quicker and can be done at very short notice.

Let's take the Hôtel de la Poste in Beaune as an example, and imagine that a client wants a double room with bathroom for two nights.

Read the conversation below and repeat the part of the client before attempting the exercise which follows.

Réceptionniste:	Hôtel de la Poste, j'écoute.
Cliente:	*Oui, bonhour. Je voudrais réserver une chambre s'il vous plaît.*
Réceptionniste:	Oui, vous êtes … madame?
Cliente:	*Madame Robert. R O B E R T*
Réceptionniste:	Quand voulez-vous la chambre?
Cliente:	*La semaine prochaine, du lundi 8 mai au mercredi matin.*
Réceptionniste:	Quelle sorte de chambre voulez-vous?
Cliente:	*Une chambre pour deux personnes avec salle de bains*
Réceptionniste:	Bon, d'accord. Pourriez-vous me donner votre numéro de téléphone?
Cliente:	*Oui, c'est le 84 87 08 32*
Réceptionniste:	Merci beaucoup. C'est fait, au revoir madame.
Cliente:	*Au revoir.*

Practise booking a hotel room, replacing the client's requirements with the ones which follow. If you do not have a partner to take the receptionist's part, say the client's lines aloud or try to write them down in French.

a) Monsieur Simon wants a single room with shower for 5 days in May.

b) You want a room with double bed and bathroom for one week from October the 10th.

c) You want 2 single rooms with showers for next Sunday. You intend to spend 2 nights in the hotel.

d) You want a double room with bathroom for 2 weeks in August. You will arrive on 1st August.

Useful expressions

Une chambre pour une personne	:	a single room
Une chambre avec un grand lit	:	a room with a double bed
Une chambre avec douche	:	a room with a shower
Une chambre au premier étage	:	a room on the first floor
C'est combien par jour?	:	how much is it per day?
La pension complète	:	full board
La demi-pension	:	half board

Est-ce que le petit déjeuner est compris? : is breakfast included?
Je prends cette chambre : I take this room
La semaine prochaine : next week
Le mois prochain : next month
Pour deux jours : for two days

Part III   Consolidation

Choosing a campsite

Camping holidays are very popular in France both with French people and foreign visitors. Lists of campsites are available from any tourist office and are provided free of charge on demand (by letter, telephone or in person).

Before choosing a suitable campsite you might want to have a look at the facilities offered by a particular site.

The following list gives an indication of what you might expect to find in campsites in the Haute-garonne area (south-west France as indicated on the map below).

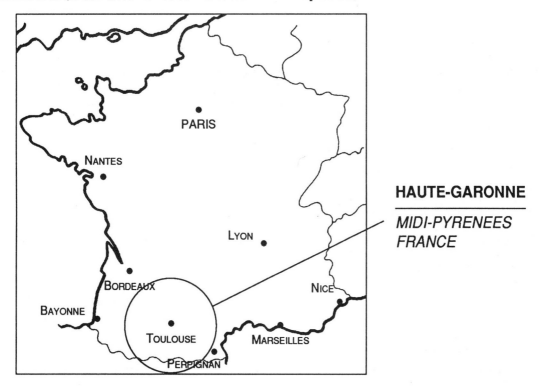

HAUTE-GARONNE

MIDI-PYRENEES
FRANCE

Study the list carefully before attempting to answer the questions about the selected campsites.

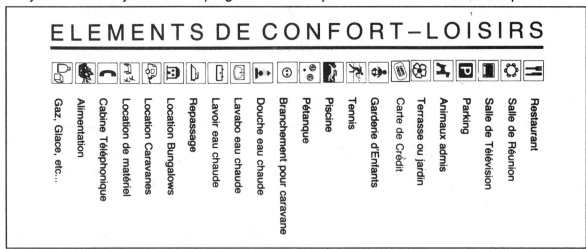

Now look at this selection of campsites and answer the questions in English.

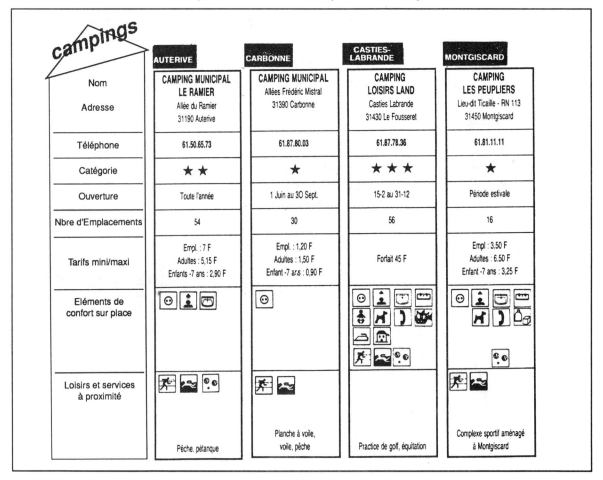

Questions *(Answers on p.143)*

1) Is the Camping Les Peupliers open all year round?

2) At what age will a child have to pay adults' prices?

3) Is hot water available on the site?

4) Are pitches more expensive in the Camping Municipal Le Ramier?

5) Can you take dogs to Le Ramier?

6) How much would two adults and two children sharing the same tent, pay in the Camping Municipal in Carbonne?

7) What facilities does this site offer?

8) Can you go sailing nearby?

9) Does the campsite in Casties Labrande open in January?

10) Would two adults and two children sharing the same tent pay less in this campsite than in 'Le Ramier'?

11) Is there a TV room in this campsite?

12) Which sport facilities are on offer?

13) Of the four campsites, which one is the smallest?

14) Can people with caravans use any of them?

15) Which one is open for the shortest period?

Buying a house

Regular visits to an attractive area in France might stimulate a wish to find a more permanent type of holiday accommodation. Imagine that you have written to a French estate agency, 'l'agence immobilière', in Villiers Couture, a little town situated in the region of Charente in the west of France. You have asked for a list of properties for sale in that area and the estate agent has sent you the letter on the following page. How much can you understand?

Read the agent's letter carefully and answer the questions in English.

Vocabulary		
Les descriptifs	:	the details
Les frais	:	expenses
Au préalable	:	previously
De votre convenance	:	as it suits

RAYNAL GEOFFROY
——— IMMOBLIER ———

Villiers Couture, le *26 Janvier 1990*

Madame, Monsieur,

Suite à votre récent courrier, et comme convenu, je vous fais parvenir une documentation relative à l'éventuel achat d'une maison de campagne située dans notre région.

Vous trouverez çi-joint les descriptifs se rapportant aux affaires susceptibles de vous convenir.

Je vous précise que nos prix sont nets, sans frais d'agence, seulement les frais de notaire en supplément (de 10 à 13% du prix d'achat).

Je reste à votre entière disposition pour tout renseignement complémentaire et vous invite à me rendre visite afin de mieux vous rendre compte. Ce sera avec plaisir que je vous recevrai et vous ferai visiter le choix que j'aurai. Je reçois sur rendez-vous fixé au préable au jour et heure de votre convenance.

Dans l'espoir de vous donner satisfaction, je vous prie de croire, Madame, Monsieur, en l'assurance de mes respectueux et dévoués sentiments.

(Merci de prendre un Rendez-vous
avant votre venue. A votre service)

R Geoffrey

Raynal GEOFFREY

VILLIERS-COUTURE 17510 NÉRÉ TÉL : (46) 33.08.80

S.A. au Capital de 300.000 F. Siège Social : VILLIERS-COUTURE
A.P.E. 7906 R.C. Saint-Jean d'Angély B 323 622 340

Questions (Answers on p.143)

1) When was the letter written?
2) What type of documentation accompanies the letter?
3) If you bought a house would you have to pay the agency a fee?
4) Who would receive a fee of 10 to 15 per cent of the price of the house?
5) Is the agency willing to send further information?
6) What does the estate agent invite you to do?
7) Would he accompany you free of charge should you wish to visit a house?
8) What would you have to do before meeting the estate agent?
9) What is mentioned twice in the letter?
10) Who signed the letter?

A house for sale

This pretty little house was advertised in an 'Agence Immobilière' in the town of Bourges (south of the Loire Valley).

*Read the description of the house and answer **true** or **false** to the statements made.*

VIGOULANT

PRIX : 160.000 F

(36). Dans jolie région vallonnée. Dans hameau à 2km de bourg. A 9km de SAINT SEVERE, ville tous commerces: médecin, pharmacien.

<u>JOLIE MAISON DE CARACTERE</u>

Comprenant :
Petite cuisine
Séjour
Salle d'eau avec douche, WC débarras
<u>1er étage</u> : accès par escalier intérieur
1 chambre + combles aménageables pouvant faire une 2ème chambre.
Eau, électricité, téléphone branchés
Chauffage électrique
Jardin attenant
Le tout INDEPENDANT sur 1 060 m2 environ
<u>CREDIT 100% + FINANCEMENT POSSIBLE SUR FRAIS</u>

Questions *(Answers on p.143)*

☑ *Tick the appropriate box*

		True	False
1)	The nearest doctor's surgery is 9 km away from the house.	☐	☐
2)	The house has a large kitchen.	☐	☐
3)	A shower has been installed but no bath.	☐	☐
4)	One of the bedrooms is to be found on the ground floor.	☐	☐
5)	To gain access to the first floor, you must use the stairs built on the side of the house.	☐	☐
6)	Electricity and water supplies have been connected.	☐	☐
7)	There is no telephone.	☐	☐
8)	Central heating is one of the main features of the house.	☐	☐
9)	The house has a garden.	☐	☐
10)	The price includes the 1060 square meters of land.	☐	☐

✍ Further tasks

1) Which would you prefer? Camping or staying in a gîte? Give your reasons in French and in no more than 150 words.

2) A French friend of yours has decided to come and visit you. Explain how to reach your house from your local railway station, gving precise instructions in French.

3) Using the notes next to the house situated in Vigoulant, describe the property in full sentences using as many relative pronouns as you can. (A paragraph of about 100 words in French.)

Chapter 6
Starting in business

Is business just about buying and selling? Different aspects of business practices are covered in this chapter, such as what makes a successful leader in a company.

In Part I, a difficult client in shop will help you revise the use of direct and indirect object pronouns in French. The practical section in Part II will consolidate your business vocabulary through a series of interviews. Part III will develop your understanding of business life in France, as it looks at different aspects through the eyes of professionals.

Note: The meaning of difficult vocabulary is given for each passage in French and highlighted in italic throughout the passage. The particular grammar point being practised is highlighted in bold italic type.

Part I   Rappel

A DIFFICULT CLIENT

Some people take a long time to decide when they have to choose an item of clothing in a shop. The following conversation was between Elise and a very difficult customer.

ELISE: Bonjour Madame, vous désirez?

CLIENTE: Bonjour, je voudrais *essayer* une jupe *comme celle qui est* en vitrine.

ELISE: Oui, bien sûr, vous *la* voulez en quelle couleur?

CLIENTE: Montrez-*la* moi en bleu-marine.

ELISE: Et c'est pour quelle *taille*?

CLIENTE: Je veux *l'*essayer en 46 et 48

ELISE: Bon, je vous *les* apporte tout de suite.

[Quelques instants plus tard...]

ELISE: Alors ... pas de problème?

LA CLIENTE: Non, je ne *l'*aime pas en bleu. Vous *l'*avez en beige?

ELISE: Oui, mais nous ne *l'*avons qu'en taille 40.

LA CLIENTE: *Quel dommage!* Vous *l'*avez en rouge?

ELISE: Bon, un instant, je vais vérifier ... Oui, *la* voici, vous voulez *l'*essayer?

LA CLIENTE: Non, après tout, dans du rouge *j'ai l'air d'être* énorme. Je *la* prends en bleu et j'aimerais trouver un *gilet* de la même couleur mais en taille 42.

ELISE: Bien madame, je vais *vous* montrer un joli petit gilet bleu qui ira très bien avec la jupe.

LA CLIENTE: Celui-ci? Ah non, je ne *l'*aime pas du tout!

ELISE: Je pense au contraire qu'*il vous irait bien* vous devriez l'essayer ...

LA CLIENTE: Mais vous n'avez rien dans ce magasin! J'ai changé d'avis, vous *me* dites que ce gilet *m'*irait bien et je *vous* dis que je ne l'aime pas, alors apportez-moi la petite robe mauve là-bas en taille 46.

ELISE: Désolée madame, celle-là est la dernière que nous avons et elle est en taille 40.

LA CLIENTE: Mais ce n'est pas possible!

[Quelques instants plus tard ...]

ELISE: Ce chemisier vert ... vous *le* préférez donc en rouge et ce pantalon noir vous le voulez, une taille plus grande et de couleur jaune ... et vous *m'*avez aussi demandé de *vous* apporter un *foulard* bleu, rose et gris ...

[Quelques instants plus tard ...]

ELISE: Oui, je *vous* assure, cette robe grise *vous* va très bien surtout avec ce gilet rose...

LA CLIENTE: Oh mais il se fait tard! Je n'arrive pas à *me* décider et quand c'est comme ça, *il vaut mieux* ne rien acheter! Je reviendrai demain avec mon amie, nous avons des goûts différents mais au moins, ce sera plus amusant!

Vocabulary

Essayer	: to try/to try on	*Un gilet*	: a cardigan
Comme celle qui est	: like the one which is	*Il vous irait bien*	: it would suit you well
Taille	: size	*Un foulard*	: a scarf
Quel dommage	: what a pity	*Il vaut mieux*	: it is better to
J'ai l'air d'être	: I seem to be/I look as if		

Questions *(Answers on p.143)*

Answer the following questions in English

1)   Which item of clothing did the customer want to try on?
2)   Why did she want it in beige?
3)   Why did she dislike it in red?
4)   Did she buy the blue cardigan?
5)   Could the customer try the mauve dress on?
6)   Did Elise sell the customer a green shirt?
7)   What was wrong with the black trousers?
8)   Which two final items of clothing did the customer try on?
9)   Did the customer buy anything at the end of the day?
10) Did she intend to go back to the shop?

GRAMMAR

Direct and indirect object pronouns

In French, pronouns are used a lot in everyday conversations and if you want to speak in a more 'authentic' manner, you will have to learn them. They are easy to remember and to use and you will quickly notice how simple it is to shorten your sentences and sound more natural into the bargain.

• Direct object pronouns

Look at the answers to the following questions:

Question 1) *Vous aimez les pommes?*

Answer   *Oui, j'aime les pommes* or
            Oui, je les aime

Question 2) *Il prend le train?*

Answer   *Oui, il prend le train* or
            Oui, il le prend

Question 3) *Vous servez la soupe?*

Answer   *Oui, je sers la soupe* or
            Oui, je la sers

Question 4) *Vous admirez la sculpture?*

Answer   *Oui, j'admire la sculpture* or
            Oui, je l'admire

GRAMMAR CONTINUED

In the sample answers, the pronouns **les/le/la/l'** have replaced *les pommes/le train/la soupe/la sculpture*.

○ **The pronouns have been used to replace a noun.**

Les can be translated in English by 'them'.
Le can be translated by 'it' or 'him'
La can be translated by 'it' or 'her'.
L' is used when the word which follows starts with a, e, i, o, u, h.

They can all be used when talking about things or people.

○ **How to choose the right pronoun**

Le is used to replace a **masculine singular noun.**
Example: le chat.

La is used to replace a **feminine singular noun.**
Example: *la robe.*

L' is used to replace a masculine singular noun or a feminine singular noun if the next word begins with a vowel.

Les is used to replace a **noun in the plural.**
Example: *les bonbons.*

○ **Position of the pronoun in a sentence**

Pronouns are placed in front of the verb:

Je les mange, je le prends, etc ...

The only time when they are placed after the verbs is when someone tells someone else to do something: in **commands.**

Examples:
Mangez-les!	eat them!
Prends-le!	take it!
Admire-la!	admire it!

In **questions,** they are still placed before the verb.

Examples:
Les mangez-vous?
Le prenez-vous ?
L'admirez-vous?

GRAMMAR CONTINUED

In the **negative** they are placed before the verb and after the *ne*.

Examples:

Je ne les mange pas	I do not eat them.
Il ne le prend pas	He does not take it.

○ Table of all direct object pronouns

French	English	French	English
me (m')	me	*nous*	us
te (t')	you	*vous*	you
le (l')	it/him	*les*	them
la (l')	it/her		

 Exercises
answers on p.144

1) *Now let us see if you can use them. Rework the following sentences replacing nouns by a pronoun.*

a) Il aime les abricots.

b) Nous prenons le vin rouge.

c) Vous décorez la chambre.

d) Ils admirent les tableaux.

e) Vous cherchez le restaurant.

f) Elle écoute la musique.

g) Vous faites le travail.

h) Je donne les fleurs.

i) Tu invites l'ami.

j) J'offre les chocolats.

2) *Answer the following questions, using a direct object pronoun each time.*

Example:

Est-ce que vous voulez la carte?
Oui, je la veux.

a) Vous aimez le film?

b) Est-ce qu'elle déteste le sport?

c) Vous nous invitez?

d) Tu appelles la fille?

e) Vous mettez l'imperméable?

f) Est-ce qu'il porte les valises?

g) Vous écrivez la lettre?

h) Tu vois la grande porte ?

i) Elles prennent la voiture?

j) Achète-t-il le journal?

3) *Below is an extract of a conversation between two people; choose the right pronoun to complete the sentences.*

ANNIE: Vous avez l'heure s'il vous plaît?

HELEN: Désolée, je ne *(l', la, les)* ai pas. J'ai perdu ma montre. Je *(le, la, l')* porte toujours sur moi mais depuis hier, je ne *(les, la, le)* trouve plus.

ANNIE: Ah, c'est comme moi. En général, ce sont mes clefs que je perds. Avant d'ouvrir la porte de ma chambre d'hôtel, je *(l', nous, les)* cherche toujours pendant plusieurs minutes!

HELEN: Dans quel hôtel est-vous descendue?

ANNIE: Je suis au "Bouchon d'or", *(me, le, l')* connaissez-vous?

HELEN: Non, je ne *(la, les, le)* connais pas.

ANNIE: Il est très confortable. Je pense que c'est l'heure du déjeuner, vous *(me, nous, m')* accompagnez?

HELEN: Bonne idée! Je suis dans cette ville depuis deux jours et je ne parle pas à beaucoup de monde. Vous *(les, la, l')* aimez, cette ville?

ANNIE: Oui, beaucoup, j'ai de bons amis ici. Nous allons à une disco ce soir, si vous venez avec nous, vous *(le, la, les)* rencontrerez.

HELEN: Bon, d'accord, allons déjeuner et nous en reparlerons.

4) *In the following commands, replace the nouns with a pronoun.*

Example:
Prends les chocolats!
Prends-les

a) Ouvrez la porte!

b) Fermez les fenêtres!

c) Buvez le vin!

d) Portez ces valises!

e) Cherchez ma montre!

f) Oubliez votre travail!

g) Mettez le chapeau!

h) Finissez vos devoirs!

i) Achetez les beaux légumes!

j) Changez votre argent!

GRAMMAR

Indirect object pronouns

Look at the following examples and see if you can spot the difference between direct object pronouns and indirect object pronouns.

Je donne les fleurs à ma mère	:	*je lui donne les fleurs*
Tu écris la lettre à tes amis	:	*tu leur écris la lettre*
Tu envoies la carte à nous	:	*tu nous envoies la carte*
Il vend les disques à vous	:	*il vous vend les disques*

GRAMMAR CONTINUED

o There are two things to remember about indirect object pronouns:

- they are similar to direct object pronouns apart from the third person singular and plural (*lui, leur*);

- they replace a word which is preceded by the preposition '*à*' or '*aux*' when this word does not refer to the name of a place.

o List of the pronouns:

French	English
me	(to) me
te	(to) you
se	(to) oneself/(to) himself/(to) herself
lui	(to) him/(to) her
nous	(to) us
vous	(to) you
leur	(to) them

These pronouns refer to people, animals or objects.

They come immediately before the verb in statements and questions. When giving a command, *lui* and *leur* come immediately after the verb and are joined to the verb by a hyphen.

To summarise, these pronouns are used to replace words following verbs like: *répondre à* (to answer to), *écrire à* (to write to), *obéir à* (to obey), *parler à* (to speak to), *plaire à* (to please to) etc...

Exercises
answers on p.144

5) *Use an indirect object pronoun to replace the highlighted nouns in this exercise.*

Example:
Il téléphone à son ami ... il lui téléphone.

a) Il vend la robe à *ma soeur.*

b) Nous écrivons à *notre oncle.*

c) Vous envoyez un télégramme à *votre chef.*

d) Je parle à *un collègue.*

e) Ce film plaît aux *enfants.*

f) Je donne le lait au *chat.*

g) Elle répond à *son professeur.*

h) Tu dis 'bonsoir' à *Jaques et à moi.*

i) Les enfants obéissent aux *parents.*

j) Le boulanger vend le pain à *la cliente.*

6) *Answer the following questions, using an indirect object pronoun each time.*

Example:

Question: *Vous me donnez ce livre?*

Answer: *Oui, je **vous** donne ce livre.*

a) Vous me posez une question?

b) Vous me parlez en anglais?

c) Vous me demandez la bonne réponse?

d) Vous me dites 'Non'?

e) Vous m'envoyez un cadeau?

f) Vous m'offrez des fleurs?

g) Vous m'obéissez?

h) Vous me voyez?

i) Vous me donnez les disques?

j) Vous me plaisez?

GRAMMAR

Order of pronouns

When you really want to shorten a sentence, you must use both direct and indirect object pronoun. Here is the order of the pronouns in a statement:

me te se nous vous se	le la les	lui leur	y	en	verb

Example: how to shorten a sentence

Je donne le cadeau à ma mère:

Je le donne à ma mère (using a direct object pronoun)

Je lui donne le cadeau (using an indirect object pronoun)

Je le lui donne (using both types of pronouns)

Challenge

answers on p.144

Shorten the following sentences using a pronoun. In some cases, you might have to use one of each type.

Example:

Elle écrit la lettre à son fiancé ... Elle la lui écrit

1) Vous faites la tarte.

2) Il donne la bière à l'homme.

3) Nous envoyons le paquet.

4) Elle préfère les boissons froides.

5) Je vends les hamburgers aux clients.

6) Il prête son vélo à son frère.

7) Tu cherches l'excuse.

8) Elles parlent l'italien.

9) Vous téléphonez à la réceptionniste.

10) Nous attendons le train.

Part II   En français maintenant

A NEW VENTURE

Is it easy to set up your business in France? Find out from M. Sweeney the managing director of 'The English Language Centre' who opened a language school in the town of Nancy in the east of France.

Answer the questions in French, once you have read the text.

Vocabulary	
Je me suis rendu	: I went
Une entreprise individuelle	: the one man business
Une société à responsabilité limitée (S.A.R.L.)	: a Limited Company
La comptabilité	: accountancy
La concurrence	: competition
Le loyer	: the rent
Locaux	: premises
Bref	: in short
Les agents immobiliers	: estate agents
En toute connaissance de cause	: with full knowledge of the facts
A temps complet	: full-time
A temps partiel	: part-time

'Ouvrir une école de langues n'a pas été très facile. Je n'avais aucune connaissances en ce qui concerne la législation française et l'idée d'ouvrir une école n'était encore qu'un vague projet. Je me suis donc rendu à la Chambre de Commerce et d'Industrie de la Meurthe et Moselle où j'ai pris rendez-vous avec un conseiller pour les entreprises nouvelles. Ce conseiller m'a aidé à transformer mon idée en projet plus précis et à identifier mes besoins et ressources.

Nous avons discuté des différentes sortes d'entreprises car je ne savais pas si je devais avoir *une entreprise individuelle* ou une *société à responsabilité limitée*, j'ignorais tout sur les problèmes de *comptabilité*, les responsabilités civiles, la publicité, la *concurrence* dans la ville, le loyer de *locaux* à usage commercial, *bref*, je ne savais pas par où commencer.

Après plusieurs rendez-vous à la Chambre de Commerce et de nombreuses visites à des *agents immobiliers*, des comptables, des banques, j'ai pu prendre des décisions *en toute connaissance de cause* et grâce aux conseils que j'ai reçus, huit mois plus tard, je dirige une école qui a trois professeurs *à temps complet* et deux *à temps partiel*. Je peux dire que mon école est devenue très rapidement un véritable centre d'études de langues et de rencontres.

La clé de mon succès? Beaucoup de travail, le respect des clients et des enseignants et un grand enthousiasme.

⚠️❓ Questions *(Answers on p.145)*

1) Ou'est-ce que monsieur Sweeney a voulu ouvrir?

2) Est-ce qu'il avait des idées précises sur ce qu'il voulait faire?

3) Où est-il allé pour prendre des renseignements?

4) Qui y a-t-il vu?

5) Cette personne l'ai aidé à identifier deux choses très importantes. Lesquelles?

6) Monsieur Sweeney pensait choisir entre quelles sortes d'entreprises?

7) Est-ce qu'il connaissait ses futurs concurrents dans la ville?

8) Qui est-il allé voir quand il a voulu louer un local?

9) Combien de professeurs y a-t-il dans son établissement maintenant?

10) Est-ce qu'il doit son succès à sa campagne publicitaire?

Are you ready to start your own business?

Starting one's own business is something that a lot of people would like to do and before undertaking anything they ought to ask themselves some important questions.

Imagine that you would like to start your own business.

Choose the answers which reflect your own situation and you will soon see whether you ought to give your project a little more thought!

☑ *Tick the appropriate box*

1) Etes-vous une personne

☐ a) organisée?

☐ b) paresseuse?

☐ c) rêveuse?

2) Avez-vous eu une expérience réelle des affaires?

☐ a) Jamais.

☐ b) Oui.

☐ c) Oui, mais il y a longtemps.

3) Avez-vous analysé la situation économique de la région où vous voulez travailler?

☐ a) Non, pas vraiment.

☐ b) Oui, je connais bien la région.

☐ c) On m'a dit qu'il y avait peu de chômeurs.

4) Avez-vous besoin de beaucoup d'argent en ce moment?

☐ a) Oui, j'ai emprunté de l'argent pour pouvoir acheter ma maison.

☐ b) Non, mais j'aime l'argent et j'aime le dépenser.

☐ c) Non, pas vraiment.

5) Avez-vous parlé de votre projet à votre banquier?

☐ a) Non.

☐ b) Vaguement.

☐ c) Oui

6) Savez-vous de quelle sorte de local vous aurez besoin?

☐ a) Oui, j'en ai visité plusieurs.

☐ b) Je voudrais un grand local.

☐ c) Je ne sais pas.

7) Connaissez-vous les principaux concurrents?

☐ a) Oui.

☐ b) Non.

☐ c) Pas exactement.

8) Avez-vous prévu un budget pour la publicité?

☐ a) Je n'aurai pas besoin de beaucoup de publicité.

☐ b) Oui, bien sûr.

☐ c) Non.

9) Quel est le type de clientèle visée?

☐ a) Je ne sais pas.

☐ b) Riche.

☐ c) Le Français moyen.

10) Quel est le niveau de prix que vous avez choisi?

☐ a) Bas.

☐ b) Moyen.

☐ c) Haut.

An interview with a business consultant

Now let us see if you can provide the correct answers to the questions the consultant asked a future shopkeeper.

The answers are jumbled up, all you need to do is match them with the questions. (Answers on p.145)

Questions

1) Que voulez-vous vendre?
2) Avez-vous besoin d'associés?
3) Avez-vous un capital disponible pour commencer?
4) Avez-vous fait une prévision réaliste des dépenses initiales?
5) Pouvez-vous emprunter de l'argent à votre banque?
6) Connaissez-vous les concurrents?
7) Avez-vous choisi un local?
8) Comment ferez-vous de la publicité?
9) De combien de salariés aurez-vous besoin?
10) Avez-vous confiance en vous?

Answers

a) Je suis sûr de moi.
b) Il y a trois autres magasin de cravates.
c) Oui, près de la poste.
d) Dans les journaux.
e) Deux vendeuses.
f) Je veux travailler sans associés.
g) J'ai 100.000 francs.
h) Oui, la banque me prêtera de l'argent.
i) J'aurai besoin de 50.000 francs au départ.
j) Des cravates.

Part III   Consolidation

LEARNING THE JOB

To be successful in a job means putting into practice several important personal skills.

Read the document on the following page and answer in English the questions below.

Vocabulary	
acheteur	: buyer
fournisseurs	: suppliers
il convient	: it is suitable to/it fits to
être au courant de	: to know about
désirs	: wishes
vendeur	: salesperson
acceillir	: to welcome
leurs goûts	: their tastes
conseiller	: to advise

Questions *(Answers on p.145)*

1) Who will a competent buyer have to choose carefully?

2) In order to get the best deal when buying goods, what has the buyer got to determine?

3) Should a buyer be kept informed about new products on the market?

4) Do customers' tastes never change?

5) What is the first thing a salesperson must learn to do?

6) Does selling involve listening to customers or mainly talking to them?

7) Should a salesperson have his or her own interests in mind when advising customers?

8) Is criticism unacceptable to someone in business?

9) According to the text, can a salesperson succeed if they know their product well but ignore the needs of their client?

10) Does the text give you the impression that one may need some training before starting up a business?

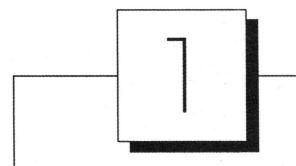

connaître un métier

Être commerçant, c'est exercer une **profession** qui exige de véritables **compétences**.

C'est être à la fois:

• Acheteur

Bien acheter, c'est savoir:

– choisir ses fournisseurs;
– sélectionner les produits;
– déterminer quand et en quelle quantité, il convient d'acheter pour obtenir les meilleures conditions;
– être au courant de la mode, des nouveaux produits, de l'évolution des désirs de la clientèle.

• Vendeur

Bien vendre, c'est savoir:

– accueillir les clients;
– les écouter, pour connaître leurs goûts et discerner leurs véritables besoins;
– les conseiller au mieux de leur intérêt;
– assurer, si nécessaire, le service "après-vente";
– admettre – pourquoi pas? – les critiques et en tirer profit.

A good leader

What are the qualities of a good leader? Should the managing director of a company take all the decisions? Should the employees see the leader as a guide and an example to follow?

*Read the extract of an interview with Jean-Marie Descarpentries, Chairman and Managing Director of CMB-Packaging and answer **true** or **false** to the statements made about the text.*

Questions *(Answers on p.145)*

☑ *Tick the appropriate box*   True   False

1) There is a well defined-type of leader common to all businesses.   ☐   ☐

2) A leader according to JM Descarpentries selects his/her team and tells   ☐   ☐
   them what to do since he/she knows best.

3) A leader must try to make others share his/her ideas and dreams.   ☐   ☐

4) A good leader will make others share their views only if they can com-   ☐   ☐
   municate well to them.

5) Part of the leader's role is to secure strong emotional ties between an   ☐   ☐
   employee and his/her company.

6) Leaders, up to now, have only appealed to people's intelligence in order   ☐   ☐
   to secure their loyalty and commitment.

7) To adhere to a company's philosophy, you must be a courageous person.   ☐   ☐

8) JM Descarpentries sees leaders as easy-going managers of people.   ☐   ☐

9) He also sees a leader as the ultimate boss in a company.   ☐   ☐

10) The leader must never forget that, when all things are considered, he/   ☐   ☐
    she basically works for him or herself.

«Quelles sont d'après vous les qualités d'un leader?

– Je n'aime pas trop ce mot. Il y a selon moi autant de genres de leaders que de bons chefs d'entreprise. Ensuite, contrairement à ce que le mot semble indiquer, le leader ne se trouve pas seulement devant mais derrière: il soutient l'équipe d'hommes qu'il a choisis, les écoutant, les laissant agir puis les récompensant. Un leader doit donc s'attacher à partager un projet, un rêve aux limites de l'impossible. Mais il ne suffit pas d'avoir une vision et de savoir la communiquer, il faut encore s'assurer que chaque membre du personnel la ressent et la fait sienne. Elle doit donc avoir un appel émotionnel simple et fort. Contrairement aux théories classiques du management qui n'en n'appellent qu'à l'intelligence, l'appartenance doit entraîner l'engagement des «3C»: cerveau, cœur ... et courage. Un leader ne serait-il pas à la fois catalyseur, exigeant, et un «patron de patrons» au service de son organisation?»

© *Le Monde*

Vocabulary

Le chef d'entreprise	: business manager
Il soutient	: he supports
Les laissant agir	: letting them act/taking stepts
La ressent	: feels it/is aware of it
La fait sienne	: adopts it
L'appartenance	: action of belonging/adherence
Engagement	: commitment
Cerveau	: brain/intellect

A honey-making enterprise

Now let me introduce you to a company dedicated to honey making: La miellerie du Val de Sioule. Is it a one-man business? Are the premises open every day? Can you watch the whole process of honey-making?

Read the advertisement below and answer the questions that follow in English.

LA MIELLERIE du VAL de SIOULE

est une petite entreprise familiale exploitée de père en fils depuis trois générations par la

Famille RAYNAUD

Apiculteurs
Les Paltrats
03500 SAINT POURÇAIN SUR SOIULE
Telephone 70.45.33.15

Elle compte actuellement 600 ruches en production.

-----o-----

En quoi consiste la Visite

Elle commence par un bref rappel du cycle annuel de développement d'une colonie. pour mieux comprendre le fonctionnement d'une ruche.

Ensuite, vous découvrirez les moyens utilisés pour la **récolte du pollen et de la gelée royale** et enfin, vous assisterez à l'extraction du miel.

Tout ceci sans montage audiovisuel.

Grâce à nos **ruches vitrées,** chacun peut voir les multiples activités des abeilles, ainsi que la reine pondre, entourée de sa cour.

Vous pourrez éventuellement **assister en direct** à la **naissance** d'une abeille, à la **danse** d'une butineuse, ou même, au combat des gardiennes contre une guêpe trop téméraire.

La visite dure environ 45 mn,
elle a lieu par TOUS LES TEMPS,
elle est gratuite et SANS DANGER,
et se termine par une
DEGUSTATION D'HYDROMEL

Vocabulary

La ruche	: the hive
Une abeille	: a bee
Pondre	: to lay eggs
La naissance	: the birth
Une butineuse	: a honey-gathering bee
Hydromel	: mead

HORAIRES DES VISITES

du 1er juin au 15 septembre

VISITES COMMENTEES

les aprés-midi, du MARDI au VENDREDI inclus, à 15 heures, 16 heures et 17 heures

----

Le SAMEDI, visite unique à 16 h.

Questions *(Answers on p.145)*

1) Who runs the business?

2) For how long has it been in existence?

3) How many hives are there?

4) What does the visit start with?

5) Will the visitor be shown how pollen is collected?

6) What allows visitors to see how bees live within the walls of the hives?

7) Is it possible to see the Queen laying eggs?

8) Which fight can one watch?

9) How long does the visit last?

10) It the '*miellerie*' open on a rainy day?

11) How much does the tour of the '*miellerie*' cost?

12) Can you visit the '*miellerie*' on a Monday morning?

13) At what time is the last guided tour available?

14) Which months of the year is the '*miellerie*' closed to visitors?

15) What is the name of the drink offered to visitors at the end of the tour?

Further tasks

1) The client in the story 'a difficult client' goes back to the shop the following day. Write a similar dialogue between her and Elise in French, imagining this time that the client wants a pair of shoes.

2) Write a list of questions you would ask someone who told you that he/she wanted to open a pet shop. Assume that you think it is a bad idea. (About 120 words in French.)

3) Write in a few sentences what a good leader represents for you. (60 to 100 words in French.)

Chapter 7
Eating the French way

French people love eating and talk about food a great deal when they meet. This chapter introduces you to some aspects of eating the French way.

In Part I, the use of the conditional is demonstrated in an interview with someone who wants her secret well kept.

In Part II, you will practise asking for food in a restaurant, book a table and refresh your whole vocabulary on the topic of food.

In Part III, read all about Darney's cutlery, discover an unusual type of dish, find out if you are a chocolate connoisseur and see what's on offer in a local supermarket.

Note: The meaning of difficult vocabulary is given for each passage in French and highlighted in italic throughout the passage. The particular grammar point being practised is highlighted in bold italic type.

Part I   Rappel

A WELL-KEPT SECRET?

It is not always easy to keep a confidence, especially when food is involved. Madame Schmitt who lives in Alsace was interviewed recently and reveals in the following conversation how to make a perfect 'choucroute'.

Read her advice and answer in English the questions that follow.

Vocabulary

la cocotte-minute	:	pressure cooker
ce serait bien mieux	:	it would be better
une marmite en terre	:	earthenware pot
la graisse d'oie	:	goose fat
le saindoux	:	lard
une couche	:	a layer
émincés	:	sliced
mijoter	:	to simmer
j'épicerais	:	I would spice
je mouillerais	:	I would moisten
mitonner	:	to simmer
remuer	:	to stir
vous n'auriez pas raté	:	you would not have missed/failed
jurez-moi	:	swear to me

– Bonjour Madame Schmitt, on m'a dit que vous étiez une spécialiste de la choucroute. Moi, j'en ai fait une il y a une semaine, et mes invités m'ont dit qu'elle n'était pas très bonne. Je ne comprends pas pourquoi.

– D'accord, où est-ce que vous avez acheté votre choucroute? Dans un supermarché?

– Eh bien oui, comme d'habitude!

– Voilà déjà une chose que vous n'*auriez* pas dû faire. Personnellement, je n'*achèterais* que de la choucroute de fabrication artisanale.

Et vous la faites cuire comment votre choucroute?

– Dans la *cocotte minute*, pour gagner du temps.

– Moi, je ne l'*utiliserais* pas. Ce *serait bien mieux* de prendre *une marmite en terre*. Ensuite, je *prendrais* de la *graisse d'oie* à la place *du saindoux*, ce qui donne un goût très fin.

Puis, je *mettrais* au fond de la marmite une *couche* d'oignons *émincés*. J'*ajouterais* la choucroute bien lavée. Je *laisserais mijoter* tout çà au four bien chaud pendant environ une demi-heure.

J'*introduirais* la viande entre deux couches de chou, j'*épicerais*.

Je *mouillerais* avec le vin blanc et je *laisserais* tout *mitonner* deux ou trois heures.

N'oubliez pas de *remuer* la choucroute de temps en temps pour qu'elle n'attache pas.

Je pense qu'en suivant mes conseils, vous n'*auriez pas raté* votre choucroute.

Mais je vous en ai beaucoup trop dit. *Jurez-moi* de ne révéler mes secrets à personne.

– C'est promis.

Questions *(Answers on p.145)*
1) Where should a good cook buy the Sauerkraut from?
2) Is the pressure cooker the ideal recipient to be used for the cooking of sauerkraut?
3) Which animal fat should you use in the dish?
4) Why?
5) Apart from the onions and Sauerkraut, should you add other vegetables to the dish?
6) Has meat got to be placed below the layers of vegetables?
7) What type of wine will complete the list of ingredients?
8) Is the cooking time less than one hour?
9) What mustn't you forget to do while the 'choucroute' is cooking?
10) What did the interviewer promise to do?

GRAMMAR

The conditional

The conditional is a verb form with a number of different functions.

1) It is used to indicate what would happen if something else happened first.
   Example:
   If I had a lot of money, I would stop working
   Si j'avais beaucoup d'argent, j'arrêterais de travailler

2) It is also used to translate the English 'should', 'would', in order to express a possibility, an eventuality.
   Examples:
   I would tell him the truth...
   Je lui dirais la vérité...
   You should work harder
   Tu devrais travailler plus dur

3) It is used when you want to ask for something in a more polite way – a 'softer' way.
   Example:
   I would like a bottle of red wine
   Je voudrais une bouteille de vin rouge

4) It translates the English expression 'I wish I could', 'I wish you would' ...
   Example:
   I wish you would come with me
   Je voudrais que vous veniez avec moi or
   J'aimerais que vous veniez avec moi

GRAMMAR CONTINUED

In this case, you use the verb *vouloir* or *aimer* in

present conditional + que + subjunctive

I wish I could go with you
J'aimerais aller avec vous

5) In indirect (reported) speech, it replaces the future tense.
Example:

DIRECT SPEECH	INDIRECT SPEECH
He says: 'I'll go to the cinema!'	He said that he would go to the cinema.
Il dit: 'J'irai au cinéma'	*Il a dit qu'il irait au cinéma.*

How to form the conditional of a verb

Regular verbs

Take the infinitive of a verb and add the imperfect endings.

Examples:

AIMER (to like)	FINIR (to finish)	VENDRE (to sell)
j'aimerais	*je finirais*	*je vendrais*
tu aimerais	*tu finirais*	*tu vendrais*
il/elle/on aimerait	*il/elle/on finirait*	*il/elle/on vendrait*
nous aimerions	*nous finirions*	*nous vendrions*
vous aimeriez	*vous finiriez*	*vous vendriez*
ils/elles aimeraient	*ils/elles finiraient*	*ils/elles vendraient*

Irregular verbs

Take the stem of the verb in the future tense and add the imperfect endings.

Examples:

	FUTURE	CONDITIONAL
aller (to go)	*j'irai*	*j'irais*
faire (to do)	*je ferais*	*je ferais*
venir (to come)	*je viendrai*	*je viendrais*
être (to be)	*je serai*	*je serais*

Exercises
answers on pp.145-146

1) *The following verbs are in the future tense. Put them into the conditional.*

a) tu seras

b) il finira

c) nous achèterons

d) ils iront

e) nous partirons

f) tu tomberas

g) je travaillerai

h) il perdra

i) vous descendrez

j) je remercierai

k) vous écrirez

l) je me laverai

m) on verra

n) nous ferons

o) elles courront

p) tu appelleras

2) *Expressing wishes: the verbs in the following sentences are in the present tense. Now start each sentence with 'si, j'étais très riche je...' (if I was very rich, I...). Remember that you will have to put the verb of the second clause into the conditional.*

Example
J'achète une grosse voiture, becomes
Si, j'étais très riche, j'achèterais une grosse voiture.

1) Je ne travaille plus

2) J'achète beaucoup de cadeaux

3) Je voyage partout dans le monde

4) Je ne fais rien

5) Je prends de longues vacances

6) Je connais le succès

7) Je vis dans un château

8) Je change mes habitudes

9) J'ai de nouveaux amis

10) Je pars en voyage

3) *Be more polite! Imagine that you are in a restaurant in France and that you want to order several items. Put the verbs in brackets into the conditional.*

Example
Je (vouloir) un pain, becomes
Je voudrais un pain

1) (Avoir)-vouz une plus grande bouteille s'il vous plaît?

2) Je (vouloir) un café crème.

3) Je (préférer) ce fromage-ci.

4) (Pouvoir)-vous me donner la carte?

5) Que (pouvoir)-vous me conseiller de boire avec ce plat?

6) J'(aimer) prendre le menu à 120 Francs.

7) Je ne pense pas que je (boire) ce vin avec plaisir.

8) J'(essayer) bien votre 'paté maison'.

9) Quel dessert me (recommander)-vous?

10) Mon chéri, tu (devoir) choisir quelque chose de moins cher.

4) *Match the most likely reply (on the right) to the questions on the left.*

1)	Si vous aviez le temps, où iriez-vous?	a)	Mais bien sûr.
2)	Que feriez-vous s'il faisait beau?	b)	Juste pour ce soir.
3)	Pourriez-vous m'aider?	c)	Il aime sortir tard.
4)	Qui ferait ça?	d)	Voici mon briquet
5)	Vous arriveriez à quelle heure?	e)	Oui, elle veut venir.
6)	Il sortirait vraiment si tard le soir?	f)	J'irais sur la plage.
7)	Tu voudrais emprunter ma voiture?	g)	Elle attend une lettre.
8)	Vous n'auriez pas du feu, par hasard?	h)	Vers 18 heures.
9)	Il faudrait lui écrire n'est-ce pas?	i)	Probablement lui.
10)	Est-ce qu'elle aimerait venir aussi?	j)	Au cinéma.

5) *Read the sentences 1 to 10 and choose the most sensible answer: a, b or c.*

☑ *Tick the appropriate box*

1) Jacques n'a pas beaucoup d'argent pour ses vacances.

☐ a) Il devrait loger dans un hôtel.

☐ b) Il pourrait rester chez lui.

☐ c) Il ferait mieux de partir en avion.

2) Je suis allergique au poisson.

☐ a) Je ne devrais jamais en manger.

☐ b) Il faudrait en manger tous les jours.

☐ c) Je devrais aller à la pêche.

3) Je me sens très triste ce soir.

☐ a) Tout irait mieux si je sortais voir une amie.

☐ b) Je devrais me coucher et pleurer.

☐ c) Je ferais mieux de manger des tas de chocolats.

4) Mon fiancé sort avec une autre fille.

☐ a) Il faudrait le quitter.

☐ b) Je pourrais lui dire qu'il a raison de le faire.

☐ c) Je devrais me mettre à genoux devant lui et dire 'ne me quitte pas!'.

5) Il fait très beau aujourd'hui.

☐ a) Que pourrais-je prendre? Parapluie ou imperméable?

☐ b) J'irais bien me promener sur la plage!

☐ c) Il vaudrait mieux rester à la maison bien au chaud.

6) Vous n'avez pas mangé depuis deux jours.

☐ a) C'est bien, il ne faudrait pas commencer maintenant.

☐ b) Si vous aviez mangé, vous n'auriez pas faim aujourd'hui.

☐ c) Vous devriez boire trois litres de vin.

7) Vous voulez faire une bonne surprise à vos amis.

☐ a) Pourquoi ne leur téléphoneriez-vous pas demain à 4 heures du matin.

☐ b) Achetez-leur un cadeau et vous leur feriez bien plaisir!

☐ c) Dites-leur qu'ils devraient payer votre facture de téléphone.

8) Un enfant est en train de voler dans un magasin. Une autre cliente le voit.

☐ a) Elle devrait l'aider à voler.

☐ b) Elle devrait crier de toutes ses forces 'Au voleur!'.

☐ c) Elle pourrait s'approcher de lui et lui parler doucement.

9) Vous laissez tomber une dizaine d'oeufs sur le sol d'un aupermarché. Tous les oeufs sont cassés et tout le monde vous regarde:

☐ a) Vous feriez mieux de ne rien dire et de laisser les oeufs cassés par terre.

☐ b) Il faudrait essayer de tout ramasser avec un mouchoir.

☐ c) Il serait utile d'appeler un vendeur.

10) Si vous aviez décidé de ne pas aller à votre rendez-vous, vous:

☐ a) Téléphoneriez pour prévenir.

☐ b) Ne diriez rien en espérant que la personne ne vous attendra pas trop longtemps.

☐ c) Enverriez une autre personne à votre place.

Challenge

answers on p.146

Put the verbs in brackets into the correct tense (imperfect or conditional).

1) Si elle (venir) ce soir, je (préparer) un bon repas.

2) Que (faire)-vous si vous (avoir) le choix?

3) Quelle chance! J'(aimer) être à sa place!

4) Il (valoir) mieux de me prévenir.

5) Vous pensez vraiment que nous (devoir) partir si nous (pouvoir) le faire?

6) Je ne (mettre) jamais ce chapeau même si vous me le (demander).

7) Si j'en (avoir) le courage, je lui (dire) la vérité.

8) Je (savoir) que vous (venir).

9) Elle l'(inviter) si elle ne le (détester) pas tant!

10) Si vous (boire) moins, vous (être) en meilleure santé.

Part II   En français maintenant

CHEESE: A WELL-LOVED TRADITION

The French love their cheese, and like other people all over the world they have their favourites.
Read the text below and answer in French the questions that follow.

Vocabulary	
il était coutume	: the accepted custom was
vache	: cow
chèvre	: goat
brebis	: ewe
on conseille	: it is advised
pour la plupart	: for most of
un endroit obscur	: a dark area
soit... soit...	: either... or...
le bac à légumes	: vegetable tray
papier métallique	: aluminium foil
sachet	: bag
moelleux	: mellow

Beaucoup de pays dans le monde fabriquent d'excellents fromages mais c'est en France qu'on trouve la plus grande variété de fromages.

Pratiquement chaque région en France a 'son' fromage et au 15ème siècle, il était coutume d'offrir des fromages à la personne qu'on admirait. Au 16ème siècle, on considérait que le Brie était le meilleur.

On utilise en général le lait de vache, de chèvre ou de brebis pour faire du fromage et c'est l'une des raisons pour laquelle le fromage représente une source de protéines capable de remplacer la viande.

On dit toujours qu'un bon vin devrait accompagner un bon fromage. On conseille le vin rouge pour la plupart des fromages et le vin blanc pour les fromages de chèvre et les fromages cuisinés.

Il y a au moins 400 sortes de fromages en France et si on en achète plusieurs à la fois, si on veut qu'ils gardent toutes leurs qualités, il est conseillé de les placer soit dans un endroit obscur, frais et aéré, soit dans le bac à légumes du réfrigérateur, à condition que chaque fromage soit enveloppé séparément dans un papier métallique ou dans un sachet en plastique.

Il ne faut pas négliger de les sortir une heure avant le repas pour qu'ils soient plus moelleux.

Questions *(Answers on p.146)*

1) À qui offrait-on des fromages au 15ème siècle?
2) Quel était le fromage le plus populaire au 16ème siècle?
3) De quel animaux provient le lait utilisé pour la fabrication des fromages?
4) Est-ce que le fromages peut remplacer la viande pour les végétariens?
5) Avec quelle sorte de fromage boira-t-on du vin blanc?
6) Où peut-on conserver les fromages qu'on achète?
7) Peut-on conserver différents fromage dans un même papier d'emballage?
8) Combien de temps avant le repas doit-on sortir un fromage de son emballage?

Understanding a French menu

A typical French meal will start with a 'hors d'œuvre' (a salad or a soup), include meat and vegetables and end with cheese and dessert.

The following lists will give you the main words and phrases you will need before attempting to understand a menu in a French restaurant.

Vocabulary

HORS D'ŒUVRES	: STARTERS	FRUITS	: FRUIT
assiette de crudités	: mixed salad	les pommes	: apples
paté	: pate	les poires	: pears
jambon	: ham	les oranges	: oranges
potage	: soup	les bananes	: bananas
salade verte	: lettuce	le raisin	: grapes
salade de carottes	: carrot salad	l'ananas	: pineapple
salade de tomates	: tomato salad	le pamplemousse	: grapefruit
moules	: mussels	les pêches	: peaches
		les abricots	: apricots
VIANDES	: MEAT		
le boeuf	: beef	LES BOISSONS	: DRINKS
le porc	: pork	le vin rouge	: red wine
l'agneau	: lamb	le vin blanc	: white wine
le veau	: veal	le cidre	: cider
le poulet	: chicken	la bière	: beer
		l'eau minérale	: mineral water
LEGUMES	: VEGETABLES	un café	: coffee
les pommes de terre	: potatoes	un café crème	: coffee with cream
les petits pois	: peas	un café au lait	: coffee with milk
les haricots verts	: green beans	un thé citron	: lemon tea
les asperges	: asparagus	un thé au lait	: tea with milk
les artichauds	: artichokes	un chocolat	: chocolate
les champignons	: mushrooms		

Au restaurant

Read the following dialogue taking place in a restaurant. Change the highlighted words/phrases with some of your choice taken from the lists.

CLIENT: Vous avez une table de libre?

SERVEUR: Oui, vous êtes combien?

CLIENT: *Nous sommes deux.*

SERVEUR: Suivez-moi, voilà, asseyez-vous.

CLIENT: Vous pouvez apportez le menu s'il vous plaît.

....

SERVEUR: Vous avez choisi?

CLIENT: Oui, comme hors d'oeuvre, nous voulons *potage pour un* et *une assiette de crudités.*

SERVEUR: Bon, d'accord, et ce sera suivi par...?

CLIENT: *Poulet et pommes de terre* pour moi et *agneau aux petits pois* pour *ma femme.*

SERVEUR: Et comme boisson?

CLIENT: *Une bouteille d'eau minérale.*

SERVEUR: *Vous prendrez un dessert?*

CLIENT: *Oui, une glace et une portion de tarte aux pommes.*

Useful expressions

Le menu à 56 francs, s'il vous plaît :	the 56 franc menu, please
Est-ce que vous avez…?	: do you have…?
Je voudrais d'abord…	: first I'd like…
Je voudrais un steak frites	: I'd like steak and chips
Bien cuit	: well done
À point	: medium
Saignant	: rare
Non merci, je ne veux pas de…	: no, thanks, I don't want any…
L'addition s'il vous plaît	: the bill, please
Le service est compris?	: is the service included?
Bon appétit	: enjoy your meal

Ordering food

Imagine that you have 150 francs to spend for your lunch.

Look at the following menu from the Hotel Brasserie 'Le Commerce' and work out what you could order.

Le Commerce

Menu

Nos Entrées

Assiette de crudités	18 F
Soupe à l'oignon	20 F
Oeuf mayonnaise	18 F
Quiche lorraine	22 F
Saucisson	16 F
Moules marinière	25 F

Nos Viandes

Poulet rôti	49,50 F
Steak au poivre	65 F
Steak haché au poivre	30 F
Tripes à la tomate	30 F
Côtes d'agneau au thym	60 F
Saucisses frites	20 F

Le Commerce

Menu

Nos Poissons

Cuisses de grenouilles à la provençale	50 F
Saumon frais au beurre	42 F
Coquilles St Jacques à la provençale	50 F
Tous nos plats sont garnis	

Fromages

Plateau de fromages	15 F

Nos Desserts

Crème caramel	12 F
Mousse au chocolat	12 F
Tarte aux pommes	15 F
Meringue glacée	16 F
Orange givrée	18 F

You have received the following bill from a waiter:

```
Crudités                18 francs
1 steak                 65 francs
1 tarte aux pommes
                        15 francs
vin blanc               22 francs
1 café                  8 francs 50

total                   118.50

Service compris
```

Make up the order you must have given to have received such a bill and the likely responses of the waiter. If you do not have a partner to play the waiter's part, write the dialogue down.

Reserving a table

Popular restaurants are usually very busy and you might have to reserve a table beforehand. This is what you would have to say if you phoned.

RESTAURANT: Le restaurant des amis, bonjour

YOU: *Bonjour, je voudrais réserver une table pour deux s'il vous plaît.*

RESTAURANT: Oui madame, pour aujourd'hui?

YOU: *Non, pour demain soir à vingt heures trente.*

RESTAURANT: Oui, c'est possible, c'est à quel nom?

YOU: *Madame Gérard. G–E–R–A–R–D.*

RESTAURANT: Bien, alors, à demain madame.

Now, phone the restaurant 'Chez Simone' and book a table for six people for Sunday 12 o'clock.

Useful expressions

Je voudrais une table pour...	: I'd like a table for...
J'ai réservé une table...	: I have booked a table...
Vous avez encore une table de libre pour ce soir?	: do you still have a free table for tonight?

Part III Consolidation

DARNEY'S CUTLERY

Using the correct pieces of cutlery to eat each dish of a meal is, for many people, an essential element of good table manners. The cutlery designers and maufacturers in Darney, advertise a wide range of good quality cutlery.

First read *what they have to say about themselves and then answer in English the questions which follow.*

Fabrique de Couverts de Darney

La Fabrique de Couverts de Darney dont les origines remontent à 1820 existe sous sa forme actuelle depuis 1907.

Spécialisée dans les couverts de table dès ses origines, son expérience séculaire lui a permis de perfectionner ses techniques de fabrication et de produire des articles de très grande qualité, répondant aux besoins et aux multiples exigences d'une clientèle de connaisseurs.

VENTE DIRECTE – DÉPOT VENTE

OUVERT LUNDI DE 14 H A 19 H
DU MARDI AU SAMEDI DE 9 H 30 A 12 H – 14 H -A 19 H

☐

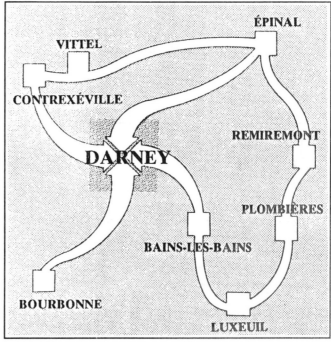

 Questions *(Answers on pp.146-147)*

1) When did the factory first open its doors?
2) Does it manufacture anything else than cutlery?
3) Which name is given to its customers?
4) Can you buy cutlery direct from the factory or must you go to a shop?
5) Is the factory open on Mondays?
6) At what time does it close on Saturday?

Now match the names of the following pieces of French cutlery with their English equivalents. (Answers on p.147)

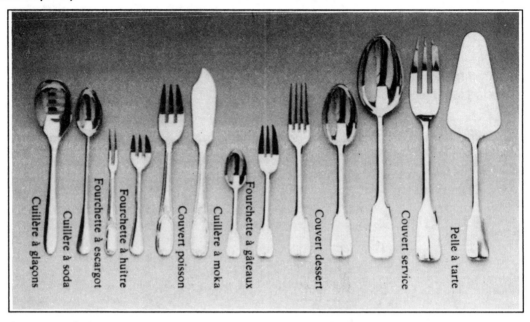

1) oyster fork
2) serving spoon
3) serving fork
4) ice cubes spoon
5) fish knife
6) fish fork

7) moka spoon
8) dessert spoon
9) dessert fork
10) cake fork
11) soda spoon
12) snail fork

A very appetizing dish

No doubt, you will want to try it. Let's see if you can understand the instructions as one mistake in its perparation could produce a disaster.

COTÉ CUISINE

Beignets de cervelle

Couper en tranches une cervelle cuite, et faire de ces tranches deux ou trois morceaux; arroser d'huile et de jus de citron; laisser macérer une heure. Préparer une pâte à frire. Éponger les morceaux de cervelle, les saupoudrer légèrement de farine, les tremper dans la pâte à frire et faire dorer dans de l'huile très chaude.

114

Questions *(Answers on p.147)*

1) What is the main ingredient in this dish?
2) Do you have to use this substance raw or cooked?
3) What is the first thing you have to do with it?
4) For how long should you leave it in oil and lemon juice?
5) What type of mixture do you have to prepare next?
6) At what stage will you powder the doughnut with flour?
7) What do you have to do with the doughnut before dipping it in hot oil?

How to recognise a good chocolate

You may be a wine connoisseur but are you a chocolate expert? According to chocolate makers if you follow the guidelines given below, you will be able to distinguish a good chocolate from a bad one.

Once you have read the advice given, answer **true** *or* **false** *to the statements.*

Les chiffres parlent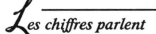

Lisez bien sa composition : découvrez-le dans sa vérité!
Plus il contient de cacao, moins il est chargé en sucre et plus il est savoureux ! Mais restez vigilant : la course à l'amertume est un exercice périlleux où l'erreur ne pardonne pas.
Attention aux arrière-goûts insidieux : une torréfaction excessive et l'emploi de vanilline cherchent trop souvent à masquer la médiocrité des fèves sélectionnées.

Croquant sous la dent

Cassez-la : la brisure est toute nette
Croquez-le : d'un petit bruit sec, il craque et se brise.
Croquez encore : voyez comme sa texture est fine, mœlleuse sans être grasse, légère... et comme il fond doucement sans empâter.

La couleur ne trompe pas

Parfaitement uni, brillant, irrésitible... Un grand chocolat doit être acajou foncé mais jamais noir. Un chocolat au lait est ocre blond, avec une touche plus brune s'il est très riche en fèves de cacao.

Long en bouche

Dégustez-le lentement pour en apprécier le bouquet : les notes musclées des Forasteros d'Afrique qui s'émoussent aussitôt, celles très subtiles et riches des Criollos et des Trinitarios qui persistent délicieusement sous le palais.

L'arôme captive

Humez-le ! Son parfum chatouille délicieusement le nez et excite les papilles ! Dès le séchage des fèves, sur l'exploitation, jusqu'au conchage final, chaque étape de sa fabrication se déroule avec douceur, avec patience, une légère touche de vanille naturelle permettant de libérer les meilleurs arômes du cacao.

Chaud pour le cœur

Des protéines, du phosphore, du magnésium, du fer, des vitamines... Le bon chocolat est un bienfait, un réconfort !
Nourriture des dieux pour les Aztèques, l'empereur Mocezuma le buvait en aphrodisiaque. Le léger euphorisant qu'il contient et son petit pourcentage d'excitant – théobromine et cafíne – expliquent sans doute son délicieux goût de péché

Questions *(Answers on p.147)*

☑ *Tick the appropriate box*   True   False

1) Good chocolate should contain less than 50% cocoa.   ☐   ☐

2) Sugar content increases in proportion to the amount of cocoa used. ☐   ☐

3) Dark chocolate should never be black in colour.   ☐   ☐

4) Milk chocolate should be light in colour even if it contains higher percentages of cocoa. ☐ ☐

5) Vanilla is added to help release the natural aroma of chocolate. ☐   ☐

6) Chocolate pieces should break off neatly.   ☐   ☐

7) Chocolate contains vitamins and magnesium.   ☐   ☐

8) Chocolate was taken as medicine by Emperor Moctezuma.   ☐   ☐

9) There is no cafeine in good chocolate.   ☐   ☐

10) Chocolate is described as being a sinner's delight.   ☐   ☐

What's on offer

Study the following list of goods for sale in a supermarket.

boucherie

9^F**15** PAR 2

Steaks hachés Match
15% M.G.
Barquette de 2x125g
(soit 36,50F le kg)

volailles

25^F**80**

Poulet label fermier
"Père Jacques"
Match - Elevé en plein air
Prêt-à-cuire - 1 kg

16^F**95**

Saucisson sec pur
porc Match
Pièce 250g (soit 67,80F le kg)

crémerie
libre-service

6^F**95**

Camembert Match
45% M.G. - 250g
(soit 27,80F le kg)

8^F**95**

Fromage blanc frais
battu Match
20% M.G. - Pot 1 kg

7^F**95**

Confiture extra Match
au sucre de canne
Fraises du terroir
ou abricots du Roussillon
750g
(soit 10,60F le kg)

12^F**25** LOT DE 2

Café Dégustation
moulu Match
100% Arabica
Lot de 2x250g
(soit 24,50F le kg)

6^F**20**

Chocolat au lait
extra-fin Match
30% cacao - 200g
(soit 31,00F le kg)

6^F**60**

Huile de Tournesol
Match
1 litre

Match the descriptions given below with the products above and on the opposite page.

 Questions *(Answers on p.147)*

1) It costs less than 7 francs and is often eaten with bread.
2) It is 'ready to cook' and has been allowed to run about in the open.
3) You will pay for 12 of them in the same pack.
4) They are lean and cost more than 10 francs.
5) It is green and has been cooked in a cream sauce.
6) They both contain pork but one of them is more expensive.
7) There is enough to feed three people.
8) French people drink a lot of it.
9) It contains 20% fat.
10) For less than 13 francs, you can buy two of them.

✍ Further tasks

1) *You have invited some friends to a dinner party. Write out in French the menu for the evening.*
2) *Imagine that you have to explain in French how to make the perfect cup of tea. (100/150 words maximum.)*
3) *You went to a restaurant last night but didn't enjoy the meal. You were too shy to complain there and then, so you have decided to write a letter to the owner of the restaurant instead. Include in your letter what you ate, what was wrong with it and what you expect from the owner. (200 words in French.)*

Grammar reference

Contents

Grammar reference

❑ Definite articles

Le/la/les/l'
Used with (a) particular person(s)/ thing(s)

Voici le livre que j'utilise
J'apprends l'italien

❑ Indefinite articles

Un/une/des
Used when no particular person or thing is indicated.

Je voudrais une maison au bord de la mer

The indefinite article is omitted when talking about professions, nationalities and religions.

Il est professeur
Elle est Allemande
Nous sommes catholiques

But:

C'est un professeur
C'est une Allemande
Ce sont des catholiques

❑ Partitive articles

Du/de la/des/de l'
Meaning 'some' or 'any' and used when in English articles are omitted.

Vous avez du pain?
Il veut de la limonade
Il y a de l'orange

The articles *de/d'*
They are used after negative expressions and expressions of quantity.

Je n'ai pas de sœurs
Un paquet de bonbons

beaucoup de	a lot of
trop de	too many/too much
assez de	enough of
plus de	more of
moins de	less of
peu de	little of
un peu de	a little of
un kilo de	a kilo of
un paquet de	a packet of
un litre of	a litre of
une bouteille de	a bottle of
une tranche de	a slice of
un verre de	a glass of

❑ Demonstrative articles

Ce/cet/cette/ces
Indicate that we are talking about a particular thing or person

(*Cet* is used with masculine singular nouns starting with a vowel or an *h* or before the adjective preceding a noun when the adjective starts with a vowel)

Ce garçon	this boy (*le garçon*)
Cet homme	this man (*l'homme*)
Cette fille	this girl (*la fille*)
Ces enfants	these children (*les enfants*)

When used with *-ci* or *-là*, mean

this/these	: *ce garçon-ci*
	: *ces enfants-ci*
that/those	: *ce garçon-là*
	: *ces enfants-là*

❐ Possessive adjective

> Agrees with the noun which follows it

MASCULINE	FEMININE	PLURAL
Mon	Ma	Mes
Ton	Ta	Tes
Son	Sa	Ses
Notre	Notre	Nos
Votre	Votre	Vos
Leur	Leur	Leurs

> **Mon, ton, son** are also used in front of feminine singular nouns which begin with a vowel or an adjective which, when placed in front of a noun, starts with a vowel.

{ *Son amie s'appelle Linda*
  His/her friend is called Linda

{ *Mon ancienne voiture était rouge*
  My old car was red

❐ Position and agreement of adjectives

> Most adjectives stand after the noun, but the following stand before the noun.

■ numberal adjectives (*premier, deuxième...* first, second etc...; *un, deux, trois...* one, two, three etc...)

■ possessive adjectives (*ce, ces...* this, these etc...)

■ most indefinite adjectives (*chaque, plusieurs...* each, several etc...)

■ the following adjectives differ in meaning according to their position:

	BEFORE	AFTER
ancien	former	ancient
brave	good	brave
cher	dear	expensive
dernier	last	previous
grand	great	tall
nouveau	new	novel
pauvre	poor	poor (no money)
prochain	next	next (the one after this one)
propre	own	clean
seul	single one	only/alone
vrai	real	true

❐ Comparison of adjectives

> Adjectives agree in number and gender with the nouns they qualify

■ Adjectives which end in **e** do not change in the feminine.

■ Adjectives which end in **s** or **x** do not change in the masculine plural.

❐ Irregular adjectives

MASCULINE	FEMININE	MASCULINE PLURAL	FEMININE PLURAL	ENGLISH MEANING
beau (nouveau, jumeau)	*belle*	*beaux*	*belles*	beautiful (new, twin)
royal (central, loyal)	*royale*	*royaux*	*royales*	royal (central, loyal)
naturel (cruel, gentil)	*naturelle*	*naturels*	*naturelles*	natural (cruel, nice)
sec	*sèche*	*secs*	*sèches*	dry
bref	*brève*	*brefs*	*brèves*	brief
cher (étranger, léger)	*chère*	*chers*	*chères*	dear (foreign, light)

❏ **Irregular adjectives continued**

MASCULINE	FEMININE	MASCULINE PLURAL	FEMININE PLURAL	ENGLISH MEANING
secret (inquiet, complet)	sècret	secrets	secrètes	secret (worried, complete)
entier (premier, dernier)	entière	entiers	entières	whole (first, last)
heureux (affreux, dangereux)	heureuse	heureux	heureuses	happy (horrible, dangerous)
jaloux	jalouse	jaloux	jalouses	jealous
vieux	vieille	vieux	vieilles	old
fou	folle	fous	folles	mad
vif (actif, neuf)	vive	vifs	vives	vivacious (active, new)
frais	fraîche	frais	fraîches	fresh
blanc	blanche	blancs	blanches	white
sot	sotte	sots	sottes	silly
long	longue	longs	longues	long
favori	favorite	favoris	favorites	favourite
épais	épaisse	épais	épaisses	thick
public	publique	publics	publiques	public
ancien (moyen)	ancienne	anciens	anciennes	ancient (average)
grec	grecque	grecs	grecques	greek

Some adjectives change before a noun or another adjective when they start with a vowel or **h**.

un **beau** chat	un **bel** homme
un fomme **fou**	un **fol** espoir
un livre **nouveau**	le **nouvel** an
le **vieux** vélo	un **vieil** homme

Compound adjectives do not agree.

Je n'aime pas la couleur **bleu foncé** (dark blue)

❏ **Comparison of adjectives**

More... than	Plus... que
Less... than	Moins... que
As... as	Aussi... que
Not as... as	Pas si (aussi... que)

{ *Il est **plus** grand **que** ma sœur*
  He is taller than my sister

{ *Il est **moins** grand **que** ma sœur*
  He is less tall than my sister

{ *Il est **aussi** grand **que** ma sœur*
  He is as tall as my sister

{ *Il n'est pas **aussi** grand **que** ma sœur*
  He is not as tall as my sister

❏ **Irregular adjectives**

bon	good
meilleur	better
le meilleur	the best
mauvais	bad
plus mauvais, pire	worse
le pire	the worst
petit	small, little
plus petit, moindre	smaller, lesser
le plus petit, le moindre	the smallest, the least

❏ **Superlative**

The most...	Le (la, les) plus... de
The least...	Le (la, les) moins... de

*J'ai **la plus** grande maison **de** la ville*
*Tu es **le plus** petit*

○ Adverbs

Adverbs of manner: add *–ment* to the feminine form of an adjective.

léger...légère...légèrement	light...lightly
clair...claire...clairement	clear...clearly

■ if adjectives end in *e*, add *–ment*

simple...simplement	simple...simply

■ if adjectives end in *–ant, –ent*

évident...évidemment	evident...evidently
brillant...brillamment	brilliant...brilliantly

■ if adjectives end in a vowel, add *–ment*

absolu...absolument	absolute...absolutely
vrai...vraiment	true...truly

Some adjectives change the final *e* of the feminine form to *é*

précis... précisément	precise...precisely
profond... profondément	deep...deeply
commun... communément	common...commonly
confus... confusément	confuse...confusely

Some adjectives change the final *e* of the masculine form to *é*

aveugle... aveuglément	blind...blindly
énorme... enormément	enormous...enormously
immense... immensément	immense...immensely

□ Irregular adverbs

ADJECTIVES		ADVERBS	
bon	good	*bien*	well
mauvais	bad	*mal*	badly
gai	gay	*gaiement*	happily
gentil	nice	*gentiment*	nicely
bref	brief	*brièvement*	briefly

□ Position of adverbs

Adverbs usually follow the verb.

Il se lève souvent tard

When used in compound tenses (perfect, pluperfect etc...) *vite* (quickly), *souvent* (often), *toujours* (always), stand before the past participle.

The following adverbs usually follow the past participle:

adverbs ending in *–ment*, *aujourd'hui* (today), *demain* (tomorrow), *hier* (yesterday), *tôt* (early), *tard* (late), *ici* (here), *là* (there), *tout de suite* (immediately).

□ Interrogative adverbs

Combien?	How much? How many?
Comment?	How?
Depuis quand?	Since when? For how long?
Où?	Where?
Pourquoi?	Why?
Quand?	When?
Quel? Quelle?	What? Which?
Quels? Quelles?	
À quelle heure?	At what time?

□ Negative adverbs and expressions

Ne... pas	Not
Je n'ai pas d'animaux	
Ne... plus	No more
Je n'ai plus de lait	
Ne... jamais	Never
Il ne travaille jamais	
Ne... rien	Nothing
Elle n'a rien	
Ne... personne	Nobody
Il n'y a personne	
Ne... aucun	No, not any
Il n'y a aucun restaurant ici	
Ne... que	only
Je n'ai qu'une voiture	
Ne... ni... ni	Neither... nor
Vous n'avez ni chat ni chien	

○ Nouns

All French nouns are either masculine or feminine in gender.

To form the plural of a noun, you should add an *s* to the singular form

un chat	***des chats***	cat
une fille	***des filles***	girl

■ nouns ending in *–s*, *–x* or *–z* do not change

un autobus	*des autobus*	bus
le fils	*des fils*	son
une noix	*des noix*	nut

■ some nouns ending in *–ou*, add *x*

le bijou	*les bijoux*	jewel
le caillou	*les cailloux*	stone
le chou	*les choux*	cabbage
le genou	*les genoux*	knee

■ nouns ending in *–au*, *–eau*, *–eu*, add *x*

l'eau	*les eaux*	water
le chapeau	*les chapeaux*	hat
le gâteau	*les gâteaux*	cake
le château	*les châteaux*	castle
le lieu	*les lieux*	place

■ most nouns ending in *–al*, change to *aux*

la journal	*les journaux*	newspaper
le cheval	*les chevaux*	horse
le capital	*les capitaux*	capital

■ some nouns ending in *–il*, *–el*, change to *aux*, *eux*

le travail	*les travaux*	work
le ciel	*les cieux*	sky
l'œil	*les yeux*	eye

❏ Special feminine forms

un ami	*une amie*	friend
un camarade	*une camarade*	friend
un artiste	*une artiste*	artist
un acteur	*une actrice*	actor
un cousin	*une cousine*	cousin
un paysan	*une paysanne*	peasant
un fermier	*une fermière*	farmer

○ Numerals
❏ Ordinal numbers

They are formed by adding *–ième* to the last consonnant of the corresponding cardinal number.

troisième, quatrième etc...	3rd, 4th...

First	*premier* (*première* for feminine) *un* becomes *unième* in compound numbers: *vingt et unième*
Second	*second* (*seconde*) or *deuxième*
Fifth	*cinquième*
Ninth	*neuvième*

The ordinal number premier is used to denote the first day of the month, the first of a series of chapters, acts etc...

le premier avril	the first of April

❏ Fractions

Fractions less than 1/4 are expressed as follows:

1/6	*un sixième*
1/8	*un huitième*

Other fractions

1/2	*un demi, une moitié*
1/3	*un tiers*
2/3	*deux tiers*
1/4	*un quart*
3/4	*trois quart*

❏ Collective numerals

Numbers ending in *–aine* express an approximate quantity

une dizaine	about ten
une huitaine	about eight
une trentaine	about thirty
un centaine	about a hundred
etc...	

❐ Time

Fois is a time which is or could be repeated

Une *fois*	Once
Chaque *fois*	Each time

Heure represents time when refering to the clock.

Quelle *heure* est-il?	What time is it?
Il est une **heure**	It is one o'clock

Temps represents a length of time.

{ Je n'ai pas assez de *temps*
I don't have enough time

■ Days of the week

lundi	Monday	vendredi	Friday
mardi	Tuesday	samedi	Saturday
mercredi	Wednesday	dimanche	Sunday
jeudi	Thursday		

■ Months of the year

janvier	January	juillet	July
février	February	août	August
mars	March	septembre	September
avril	April	octobre	October
mai	May	novembre	November
juin	June	decembre	December

■ Seasons

le printemps	Spring
l'été	Summer
l'automne	Autumn
l'hiver	Winter

■ Age

You must add the word *ans* when telling your age.

{ J'ai douze *ans*
I am twelve years old

{ C'est une femme d'une trentaine d'années
She's a women of about thirty years

{ Il est âgé de vingt-cinq *ans*
He is twenty-five years old

○ Pronouns

❐ Personal pronouns

		DIRECT	INDIRECT	
	SUBJECT	OBJECT	OBJECT	REFLEXIVE
je		me, m'	me, m'	me, m'
tu		te, t'	te, t'	te, t'
il		le, l'	lui	se, s'
elle		la, l'	lui	se, s'
on				se, s'
nous		nous	nous	nous
vous		vous	vous	vous
ils		les	leur	se, s'
elles		les	leur	se, s'

❐ The pronoun *y*

Y is used instead of *à* + **noun**.

It can refer to a place.

{ Je vais à la plage   J'*y* vais
I go to the beach   I go there

It replaces the indirect object of a verb

{ Il joue au football   Il *y* joue
He plays football   He plays it

❐ The pronoun *en*

En is used instead of *de* + **noun**.

It can refer to a place.

{ Il sort de la maison   Il *en* sort
He comes out of the house   He comes out of it

It means **some, of it, of them.**

   – Vous avez des chocolats? You have chocolates?
   – Oui, j'en ai.   Yes, I have some.

❏ Position of object pronouns

In the affirmative, they stand immediately in front of the verb.

me				
te	*le*	*lui*		
se	*la*		*y*	*en*
nous	*les*	*leur*		
vous				

In the negative and interrogative forms, the position of pronouns remains the same.

Object pronouns used with the infinitive are placed immediately before the verb to which they refer.

{ *Nous voulons **vous** attendre*
We want to wait for **you**

{ *Il **veut me** vendre des chaussures*
He wants to sel! shoes to **me**

With the imperative, the order of pronouns is as follows.

DIRECT OBJECT	INDIRECT OBJECT		
moi (m')	*moi (m')*		
toi (t')	*toi (t')*		
le			
la	*lui*	*y*	*en*
nous	*nous*		
vous	*vous*		
les	*leur*		

❏ Possessive pronouns

They stand instead of a noun.

The pronouns follow the verb and you must put a hyphen between the verb and the pronoun.

Ouvre-la! Open it!
Donne-le-moi! Give it to me!

❏ Disjunctive pronouns

Moi	*Nous*
Toi	*Vous*
Lui	*Eux*
Elle	*Elles*

They are used:
– after c'est
  *c'est **moi**, c'est **elle**, ce sont **eux**…*
– after a preposition
  *devant **moi**, avec **elle**, chez **lui**…*
– in comparisons
  *je suis plus grande que **toi***
  *elle est plus grosse que **toi***
– for emphasis
  ***Moi**, je n'aime pas les œufs!*
– for emphasis with seul, même, aussi
  ***elle** seule peut le faire*
  ***moi** aussi j'ai peur des araignées*

	SINGULAR		PLURAL	
	MASC.	FEM.	MASC.	FEM.
mine	*le mien*	*la mienne*	*les miens*	*les miennes*
yours	*le tien*	*la tienne*	*les tiens*	*les tiennes*
his, hers, its	*le sien*	*la sienne*	*les siens*	*les siennes*
ours	*le nôtre*	*la nôtre*	*les nôtres*	*les nôtres*
yours	*le vôtre*	*la vôtre*	*les vôtres*	*les vôtres*
theirs	*le leur*	*la leur*	*les leurs*	*les leurs*

{ *– C'est votre voiture?* Is it your car?
{ *– Oui, c'est **la mienne**.* Yes, it is mine.

{ *– Ils sont à vous ces chats?* Are they your cats?
{ *– Oui, ce sont **les nôtres**.* Yes, they are ours.

◻ Relative pronouns

Qui (who, which) is used as the subject and refers to people or things.

*J'aime le restaurant **qui** est au coin de la rue.*

Que, qu' (what, that) is used as the object and refers to people or things.

*Voici le livre **que** je lis.*
*La femme **que** j'aime s'appelle Jeanne.*

Dont (whose, of which) may refer to people or things and is placed between its antecedent and the subject of the relative clause.

*La maison **dont** le toit est rouge, est la mienne.*

Ce qui, ce que (what) are used when the relative pronoun would otherwise have no antecedant.

*Ce **que** je vais vous annoncer est très important*
*Ce **qui** m'inquiète, c'est la façon dont il se comporte.*

Summary	PEOPLE	PEOPLE AND THINGS
subject		qui
object/complement		que
genitive/	de qui	duquel
+ preposition de	à qui	auquel
after prepositions	avec qui	avec lequel
	sans qui	sans lequel

Lequel agrees in gender and number with the noun it refers to
  lesquels, laquelle, lesquelles
When combined with the prepositions *à* and **de**, lequel, lesquels, lesquelles become
  auquel, auxquels, auxquelles
  duquel, desquels, desquelles

◯ Verbs
◻ Regular and irregular verbs
There are three types of regular conjugation of French verbs. They correspond to the three infinitive endings **er, ir, re**.
Irregular verbs do not correspond to a regular pattern of conjugation.

◻ Formation of verbs

Regular verbs							
Present infinitive		*parler*		*finir*		*vendre*	
Present participle		*parlant*		*finissant*		*vendant*	
Past participle		*parlé*		*fini*		*vendu*	
Present indicative	Stem +	e	ons	is	issons	s	ont
		es	ez	is	issez	s	ez
		e	ent	it	issent		ent
Imperfect	Stem of present participle +	*ais, ais, ait, ions, iez, aient*					
Past historic	Stem +	ai	âmes	is	îmes	is	îmes
		as	âtes	is	îtes	is	îtes
		a	èrent	it	irent	it	irent
Future	Infinitive +	*ai, as, a, ons, ez, ont*					
Conditional	Infinitive +	*ais, ais, ait, ions, iez, aient*					
Present subjunctive	Stem of present participle +	*e, es, e, ions, iez, ent*					

❏ Passive conjugation

The passive conjugation of a transitive verb consist of the appropriate tense of *être* + past participle.

Active voice: $\left\{\begin{array}{l} \textit{Je coupe le pain} \\ \text{I cut the loaf of bread} \end{array}\right.$

Passive voice: $\left\{\begin{array}{l} \textit{Le pain **est coupé** par moi} \\ \text{The loaf of bread is cut by me} \end{array}\right.$

Future: *Le pain **sera** coupé*

Imperfect: *Le pain **était** coupé*

❏ Reflexive verbs

They are conjugated in the same way as other verbs except that in the **compound** tenses the auxiliary verb is always *être*.

The object pronouns, *me, te, se, s', nous, vous, se,* are present and agree in number and person with the subject.

   se laver   to wash (oneself)

PRESENT INDICATIVE	FUTURE
je me lave	*je me laverai*
tu te laves	*tu te laveras*
il se lave	*il se lavera*
elle se lave	*elle se lavera*
on se lave	*on se lavera*
nous nous lavons	*nous nous laverons*
vous vous lavez	*vous vous laverez*
ils/elles se lavent	*ils/elles se laveront*

IMPERATIVE
lave-toi
lavons-nous
lavez-vous

PERFECT	IMPERFECT
je me suis lavé(e)	*je me lavais*
tu t'es lavé(e)	*tu te lavais*
il s'est lavé	*il se lavait*
elle s'est lavée	*elle se lavait*
on s'est lavé	*on se lavait*
nous nous sommes lavé(e)s	*nous nous lavions*
vous vous êtes lavé(e)s	*vous vous laviez*
ils se sont lavés	*ils se lavaient*
elles se sont lavées	*elles se lavaient*

List of irregular verbs

■ *-er* endings

English Meaning	Infinitive/ Present/Past Participles	Present	Future/ Conditional	Perfect/ Pluperfect	Imperfect
to go	aller allant allé	je vais tu vas il/elle va nous allons vous allez ils/elles vont	j'irai j'irais	je suis allé j'étais allé	j'allais
to call	appeler appelant appelé	j'appelle tu appelles il/elle appelle nous appelons vous appelez ils/elles appellent	j'appellerai j'appellerais	j'ai appelé j'avais appelé	j'appelais
to begin	commencer commençant commencé	je commence tu commences il/elle commence nous commençons vous commencez ils/elles commencent	je commencerai je commencerais	j'ai commencé j'avais commencé	je commençais
to send	envoyer envoyant envoyé	j'envoie tu envoies il/elle envoie nous envoyons vous envoyez ils/elles envoient	j'enverrai j'enverrais	j'ai envoyé j'avais envoyé	j'envoyais
to throw	jeter jetant jeté	je jette tu jettes il/elle jette nous jetons vous jetez ils/elles jettent	je jetterai je jetterais	j'ai jeté j'avais jeté	je jetais
to get up	se lever se levant levé	je me lève tu te lèves il/elle se lève nous nous levons vous vous levez ils/elles se lèvent	je me lèverai je me lèverais	je me suis levé je m'étais levé	je me levais
to eat	manger mangeant mangé	je mange tu manges il/elle mange nous mangeons vous mangez ils/elles mangent	je mangerai je mangerais	j'ai mangé j'avais mangé	je mangeais

■ –*ir* endings

ENGLISH MEANING	INFINITIVE/ PRESENT/PAST PARTICIPLES	PRESENT	FUTURE/ CONDITIONAL	PERFECT/ PLUPERFECT	IMPERFECT
to run	courir	je cours	je courrai	j'ai couru	je courais
	courant	tu cours	je courrais	j'avais couru	
	couru	il/elle court			
		nous courons			
		vous courez			
		ils/elles courent			
to sleep	dormir	je dors	je dormirai	j'ai dormi	je dormais
	dormant	tu dors	je dormirais	j'avais dormi	
	dormi	il/elle dort			
		nous dormons			
		vous dormez			
		ils/elles dorment			
to run away	fuir	je fuis	je fuirai	j'ai fui	je fuyais
	fuyant	tu fuis	je fuirais	j'avais fui	
	fui	il/elle fuit			
		nous fuyons			
		vous fuyez			
		ils/elles fuient			
to hate	haïr	je hais	je haïrai	j'ai haï	je haïssais
	haïssant	tu hais	je haïrais	j'avais haï	
	haï	il/elle hait			
		nous haïssons			
		vous haïssez			
		ils/elles haïssent			
to die	mourir	je meurs	je mourrai	je suis mort	je mourais
	mourant	tu meurs	je mourrais	j'étais mort	
	mort	il/elle meurt			
		nous mourons			
		vous mourez			
		ils/elles meurent			
to open	ouvrir	j'ouvre	j'ouvrirai	j'ai ouvert	j'ouvrais
	ouvrant	tu ouvres	j'ouvrirais	j'avais ouvert	
	ouvert	il/elle ouvre			
		nous ouvrons			
		vous ouvrez			
		ils/elles ouvrent			
to leave	partir	je pars	je partirai	je suis parti	je partais
	partant	tu pars	je partirais	j'étais parti	
	parti	il/elle part			
		nous partons			
		vous partez			
		ils/elles partent			
to hold	tenir	je tiens	je tiendrai	j'ai tenu	je tenais
	tenant	tu tiens	je tiendrais	j'avais tenu	
	tenu	il/elle tient			
		nous tenons			
		vous tenez			
		ils/elles tiennent			

■ *–re* endings

ENGLISH MEANING	INFINITIVE/ PRESENT/PAST PARTICIPLES	PRESENT	FUTURE/ CONDITIONAL	PERFECT/ PLUPERFECT	IMPERFECT
to beat	battre battant battu	je bats tu bats il/elle bat nous battons vous battez ils/elles battent	je battrai je battrais	j'ai battu j'avais battu	je battais
to drink	boire buvant bu	je bois tu bois il/elle boit nous buvons vous buvez ils/elles boivent	je boirai je boirais	j'ai bu j'avais bu	je buvais
to drive	conduire conduissant conduit	je conduis tu conduis il/elle conduit nous conduisons vous conduisez ils/elles conduisent	je conduirai je conduirais	j'ai conduit j'avais conduit	je conduisais
to know	connaître connaissant connu	je connais tu connais il/elle connaît nous connaissons vous connaissez ils/elles connaissent	je connaîtrai je connaîtrais	j'ai connu j'avais connu	je connaissais
to fear	craindre craignant craint	je crains tu crains il/elle craint nous craignons vous craignez ils/elles craignent	je craindrai je craindrais	j'ai craint j'avais craint	je craignais
to believe	croire croyant cru	je crois tu crois il/elle croit nous croyons vous croyez ils/elles croient	je croirai je croirais	j'ai cru j'avais cru	je croyais
to say	dire disant dit	je dis tu dis il/elle dit nous disons vous dites ils/elles disent	je dirai je dirais	j'ai dit j'avait dit	je disais
to write	écrire écrivant écrit	j'écris tu écris il/elle écrit nous écrivons vous écrivez ils/elles écrivent	j'écrirai j'écrirais	j'ai écrit j'avais écrit	j'écrivais

■ −*re* endings continued

ENGLISH MEANING	INFINITIVE/ PRESENT/PAST PARTICIPLES	PRESENT	FUTURE/ CONDITIONAL	PERFECT/ PLUPERFECT	IMPERFECT
to be	être étant été	je suis tu es il/elle est nous sommes vous êtes ils/elles sont	je serai je serais	j'ai été j'avais été	j'étais
to do	faire faisant fait	je fais tu fais il/elle fait nous faisons vous faites ils/elles font	je ferai je ferais	j'ai fait j'avais fait	je faisais
to read	lire lisant lu	je lis tu lis il/elle lit nous lisons vous lisez ils/elles lisent	je lirai je lirais	j'ai lu j'avais lu	je lisais
to put	mettre mettant mis	je mets tu mets il/elle met nous mettons vous mettez ils/elles mettent	je mettrai je mettrais	j'ai mis j'avais mis	je mettais
to be born	naître naissant né	je nais tu nais il/elle naît nous naissons vous naissez ils/elles naissent	je naîtrai je naîtrais	je suis né j'étais né	je naissais
to please	plaire plaisant plu	je plais tu plais il/elle plaît nous plaisons vous plaisez ils/elles plaisent	je plairai je plairais	j'ai plu j'avais plu	je plaisais
to take	prendre prenant pris	je prends tu prends il/elle prend nous prenons vous prenez ils/elles prennent	je prendrai je prendrais	j'ai pris j'avais pris	je prenais
to laugh	rire riant ri	je ris tu ris il/elle rit nous rions vous riez ils/elles rient	je rirai je rirais	j'ai ri j'avais ri	je riais

■ −re endings continued

ENGLISH MEANING	INFINITIVE/ PRESENT/PAST PARTICIPLES	PRESENT	FUTURE/ CONDITIONAL	PERFECT/ PLUPERFECT	IMPERFECT
to suffice	suffire suffisant suffi	je suffis tu suffis il/elle suffit nous suffisons vous suffisez ils/elles suffisent	je suffirai je suffirais	j'ai suffi j'avais suffi	je suffisais
to follow	suivre suivant suivi	je suis tu suis il/elle suit nous suivons vous suivez ils/elles suivent	je suivrai je suivrais	j'ai suivi j'avais suivi	je suivais
to live	vivre vivant vécu	je vis tu vis il/elle vit nous vivons vous vivez ils/elles vivent	je vivrai je vivrais	j'ai vécu j'avais vécu	je vivais

■ −oir endings

ENGLISH MEANING	INFINITIVE/ PRESENT/PAST PARTICIPLES	PRESENT	FUTURE/ CONDITIONAL	PERFECT/ PLUPERFECT	IMPERFECT
to sit	s'asseoir s'asseyant assis	je m'assieds tu t'assieds il/elle s'assied nous nous asseyons vous vous asseyez ils/elles s'asseyent	je m'assiérai je m'assiérais	je me suis assis je m'étais assis	je m'asseyais
to have	avoir ayant eu	j'ai tu as il/elle a nous avons vous avez ils/elles ont	j'aurai j'aurais	j'ai eu j'avais eu	j'avais
to have to/ must	devoir devant dû	je dois tu dois il/elle doit nous devons vous devez ils/elles doivent	je devrai je devrais	j'ai dû j'avais dû	je devais
to be necessary	falloir fallu	il faut	il faudra il faudrait	il a fallu il avait fallu	il fallait
to rain	pleuvoir pleuvant	il pleut	il pleuvra il pleuvrait	il a plu il avait plu	il pleuvait

■ *–oir* endings continued

ENGLISH MEANING	INFINITIVE/ PRESENT/PAST PARTICIPLES	PRESENT	FUTURE/ CONDITIONAL	PERFECT/ PLUPERFECT	IMPERFECT
to be able to	pouvoir	je peux	je pourrai	j'ai pu	je pouvais
	pouvant	tu peux	je pourrais	j'avais pu	
	pu	il/elle peut			
		nous pouvons			
		vous pouvez			
		ils/elles peuvent			
to know	savoir	je sais	je saurai	j'ai su	je savais
	sachant	tu sais	je saurais	j'avais su	
	su	il/elle sait			
		nous savons			
		vous savez			
		ils/elles savent			
to be worth	valoir	je vaux	je vaudrai	j'ai valu	je valais
	valant	tu vaux	je vaudrais	j'avais valu	
	valu	il/elle vaut			
		nous valons			
		vous valez			
		ils/elles valent			
to see	voir	je vois	je verrai	j'ai vu	je voyais
	voyant	tu vois	je verrais	j'avais vu	
	vu	il/elle voit			
		nous voyons			
		vous voyez			
		ils/elles voient			
to want	vouloir	je veux	je voudrai	je suis voulu	je voulais
	voulant	tu veux	je voudrais	j'étais voulu	
	voulu	il/elle veut			
		nous voulons			
		vous voulez			
		ils/elles veulent			

Answers to exercises

Chapter 1

Is the gendarme's lot a happy one?
1) They write to local and national newspapers
2) South of France
3) 5 days
4) 7 in the morning
5) Night patrol
6) He was called out because of an accident
7) She does not see her husband during the day
8) 5 years
9) 80 francs per month
10) Lack of private life / salary / housing / uniform / long hours / lack of prestige / promotion

The present tense

Exercise 1
| 1e | 2a | 3f | 4b | 5i | 6d |
| 7j | 8h | 9g | 10c | | |

Exercise 2
1) tu fais
2) vous mettez
3) je dois
4) nous allons
5) je veux
6) vous avez
7) je m'appelle
8) tu te lèves
9) il vient
10) vous finissez

Exercise 3
1) Vous faites du shopping
2) Vous mettez un robe
3) Vous êtes intelligente
4) Vous devez partir
5) Vous venez avec moi
6) Vous dites 'bonjour'
7) Vous avez soif
8) Vous perdez le sac
9) Vous allez au cinéma
10) Vous voulez du vin

Exercise 4
Je me lève   je pars   il y a   j'arrive
je prends   qui est   je retourne   je finis
je rentre   je passe

Challenge
1) Il part à cinq heures
2) J'habite ici
3) Elle arrive en retard
4) Je suis malade
5) Nous avons froid
6) Vous allez au cinéma
7) J'ai deux frères

8) Il se lève
9) Vous commencez tôt (de bonne heure)
10) Vous prenez le train

Depuis

Exercise 5
1) Je regarde ce film depuis deux heures
2) Je suis malade depuis dimanche
3) J'habite à Rochester depuis trois ans
4) Il sort avec elle depuis un mois
5) Je l'attends depuis un quart d'heure

Exercise 6
1) Depuis quand habitez-vous ici?
2) Depuis quand jouez-vous de piano?
3) Depuis quand sortez-vous avec lui?
4) Depuis quand fait-il froid?
5) Depuis quand faites-vous du sport?

Photographs (Exercise 7)
A 1) Films for developing
  2) Yes
  3) 7 p.m.
  4) 1 hour
  5) A young girl
B 1) Tobacco, presents
  2) Yes
  3) Monoprix
  4) 7
C 1) He is riding a bicycle
  2) On the right
  3) Trousers, a shirt
  4) No
  5) Yes
D 1) 3
  2) The older woman
  3) No
  4) Winter

At the post office
1) Ils ouvrent à huit heures
2) Vous pouvez y expédier des lettres, des paquets, des télégrammes, de l'argent
3) Oui
4) La poste garde votre courrier si vous n'avez pas d'adresse fixe
5) Vous devez justifier de votre identité
6) Du bureau de poste situé à Paris

Making a telephone call
1) Vous pouvez téléphoner d'une cabine téléphonique, de cafés, bureaux de poste, hôtels, etc
2) Oui, ceux qui s'appellent les 'numéros verts'
3) Par blocs de deux chiffres
4) Le code un

Télétel and Minitel
1) Télétel is a new means of communication using telephone lines to transmit information
2) It is presented on screen
3) The press, administrative services, firms, communes, departments and regions, suppliers of goods
4) All types of information, eg you can check train timetables, reserve a seat, check your bank balance etc

Télétel/Minitel
Télétel is the name of the communication system. Minitel is a terminal

Intergâteaux
1) Birthdays, Christmas, Easter, Mothers' Day etc
2) No, cakes can be delivered anywhere in France

Services publics à Thiers

1) Sapeurs-pompiers
2) Hôpital général
3) Agence Locale pour l'Emploi
4) Commissariat de Police
5) Foyer des Jeunes Travailleurs
6) Gare S.N.C.F.
7) Chambre de Commerce et d'Industrie
8) Commissariat de Police
9) Taxi appel Taxi
10) Gendarmerie Peloton Autoroute

Services publics à Nancy

1) False
2) True
3) False
4) True
5) True
6) True
7) False
8) False
9) True
10) True

Chapter 2

Summer holidays

1) One day, at lunchtime
2) She will not go on holiday with her parents
3) Cornwall
4) She will go there with three friends
5) She will save her pocket money
6) No, she will go camping
7) She will go by car and hovercraft
8) No, she does not
9) That she and her husband accompany Lysiane
10) No, she does not

The future tense

Exercise 1

1) Il arrivera
2) Nous mangerons
3) Vous finirez
4) Je prendrai
5) Vous quitterez
6) Je visiterai
7) Elle répondra
8) Tu sortiras
9) Vous écrirez
10) Je tomberai

Exercise 2

1) Quand je partirai en vacances, je prendrai le train
2) Tu diras bonjour quand tu arriveras chez lui
3) Nous finirons notre travail et nous sortirons
4) Elle parlera bien l'allemand et elle comprendra bien le français
5) Vous rencontrerez beaucoup de gens quand vous voyagerez

Exercise 3

| 1i | 2d | 3e | 4c | 5f |
| 6h | 7j | 8b | 9g | 10a |

Exercise 4

feras	seras	chanterai	deviendrai
achètera		gagnerai	marieras
devra	auras		

Challenge

| 1c | 2d | 3g | 4f | 5b |
| 6h | 7i | 8a | 9e | 10j |

Travelling by train

1) Elle offre un moyen simple, rapide et économique de voyager
2) Oui

3) Dans une gare ou dans une agence de voyage
4) Un train à grande vitesse
5) Vous devez réserver une place
6) Il faut le composter
7) Il est orange
8) Non

Telling the time

1) 13.12   2) 9.20   3) 10.53   4) 22.13
5) 18   6) 11.33   7) 7.30   8) 12
9) 19.46   10) 8.35

Qui a la priorité

A   1)   Oui
       2)   Oui
B   1)   Oui
       2)   Oui
       3)   Trois

Le Puy en Velay

1) Yes
2) No (10 minutes)
3) Yes
4) St Etienne
5) 754 km
6) Yes
7) Yes
8) Swimming, tennis, hiking, horse riding, cycling, fishing
9) Lace making
10) Lentils, cold meats, mushrooms, liqueurs

Travelling by bus

1) False
2) True
3) False
4) True
5) False

6) False
7) True
8) False

Chapter 3
An evening full of surprises

1) Last week, Friday night
2) A taxi
3) No
4) Stupid, boring, violent, sexist
5) Yes
6) Yes
7) A very nice-looking woman
8) No
9) She threw a glass of wine at her husband
10) She left quickly

The imperfect tense

Exercise 1

2   3   6   8   10   12   13   14

Exercise 2

| 1d | 2h | 3i | 4e | 5j |
| 6c | 7a | 8g | 9f | 10b |

Exercise 3

1) étaient
2) commencions
3) allais
4) mangiez
5) avaient
6) jetais
7) pleuvait
8) savait
9) téléphoniez
10) comprenaient
11) devaient
12) partait
13) venais

14) faisait
15) voulais
16) appeliez
17) venaient
18) écrivions
19) répétais
20) répondais

Exercise 4

1) était
2) était/pleuvait
3) avait/mangeait
4) partiez
5) aimait
6) écoutions
7) finissais
8) portait
9) connaissiez
10) se trouvait
11) descendait
12) alliez
13) perdais
14) se promenaient
15) téléphonait

Challenge

1) Il était gros
2) Le restaurant fermait tôt en hiver
3) Il regardait la télévision
4) Je travaillais dur
5) L'avion était en retard
6) J'allais à l'étranger
7) Ils finissaient
8) Elle jouait au tennis en été
9) Nous prenions le train
10) Mon oncle oubliait ses lunettes

The French tourist office

1) Liste des terrains de camping/auberges de jeunesse – hôtels
2) Oui
3) Est de la France
4) Oui
5) Anglais et allemand
6) Oui
7) Liste de clubs/personnes à contacter/prix et dates des activités
8) Ils ont leurs propres listes d'activités
9) La mairie
10) De vrais centres d'informations et de documentation

Expressing likes and dislikes

Exercise 5

1) Oui je joue souvent de la guitare
2) Oui je fais souvent de la natation
3) Oui je joue souvent au tennis
4) Oui je danse souvent
5) Oui je fais souvent de la peinture
6) Oui je joue souvent au ping-pong
7) Oui je fais souvent de la marche
8) Oui je joue souvent du violon
9) Oui je fais souvent du yoga
10) Oui je joue souvent au golf

Exercise 6

1) Je joue du piano tous les soirs
2) Nous jouons au tennis deux fois par semaine
3) Ils font de la natation une fois par jour
4) Tu joues de la clarinette tous les jours
5) Elle fait du sport trois fois par mois
6) Vous jouez de l'accordéon tous les soirs
7) Ils font de l'équitation une fois par mois
8) Je fais du yoga trois fois par jour
9) Tu joues au ping-pong une fois par semaine
10) Vous faites de la peinture tous les matins

Exercise 7

1c	2f	3i	4e	5j
6a	7g	8h	9d	10b

Thionville: something for everyone

1) True
2) False
3) False
4) True
5) False
6) False
7) True
8) True
9) False
10) True

Pont-de l'Arn: is it worth a detour?

1) 2,500 inhabitants
2) 225 to 700 metres
3) A church and sun dial
4) Yes
5) Yes
6) No
7) Golf/tennis/bowling

Saulxures les Nancy

1) Sunday 18 November
2) Walk
3) After 7
4) No they will eat in a restaurant
5) 70 francs

Dombasle

1) Luxemburg
2) 7.30 from outside the Townhall
3) Pottery
4) No, they will go to a 'fashion shop'
5) Yes

Chapter 4

A hard day's work

1) Five years ago
2) The owner of the restaurant
3) Replace the chef who had left
4) In a big restaurant in the town called Metz
5) He spent four years in the restaurant
6) Fish cookery
7) Christmas and New Year
8) Ten hours
9) Midnight or 1.00 am
10) He does not think so

The perfect tense with *avoir*

Exercise 1

1) Il a
2) Nous avons
3) Elles ont
4) J'ai
5) Tu as
6) Vous avez
7) J'ai
8) Monique et Marie ont
9) Ils ont
10) Vous avez

Exercise 2

1f	2h	3e	4i	5j
6g	7c	8a	9d	10b

Exercise 3

1) Elle a raconté
2) Vous avez vu
3) Il a pris
4) J'ai oublié
5) Nous avons acheté
6) Tu as dormi
7) Les enfants ont joué au tennis
8) Vous avez écrit

9) J'ai eu

10) Elles ont attendu

Exercise 4

Henry a gagné   il a décidé   il a donc fait
il a voulu   il a choisi   il a conduit   il a pensé
il a pris   il a acheté   il a dit   ont été
ils ont répondu   ils n'ont toujours pas entendu

Exercise 5

1) Oui, j'ai déjà mangé

2) Oui, j'ai pris l'avion

3) Non, je n'ai pas oublié les billets de train

4) Oui, j'ai bien dormi

5) Non, je n'ai pas réservé

6) Non, je n'ai pas compris

7) Oui, j'ai rempli la fiche

8) Oui, j'ai fait bon voyage

9) Non, je n'ai pas vu l'appartement

10) Oui, j'ai fini

The perfect tense with *être*

Exercise 6

1) Elle est venue

2) Vous êtes allée

3) Nous sommes descendus

4) Tu es parti

5) Ma fille est entrée

6) Vous êtes arrivé

7) Je suis née

8) Vous êtes sortis

9) Ils sont tombés

10) Elle est montée

Exercise 7

1) allé

2) sorti

3) parti

4) rentrée

5) arrivés

6) tombé

7) entrés

8) morte

9) restés

10) nés

Exercise 8

1) Avez-vous

2) Es-tu

3) Vous avez

4) Est-il

5) A pris

6) Vous avez

7) Etes-vous

8) Est-elle

9) Avez-vous

10) Sont-ils

Challenge

1) Ils ont mangé des pommes

2) Mes parents sont arrivés ce matin

3) Nous avons écrit peu de lettres

4) Il a fait froid

5) Elles sont venues de bonne heure

6) Vous avez réservé votre place

7) J'ai dit 'bonjour'

8) Tu as fini ton travail à quatre heures

9) Il est allé en Espagne en juin

10) Ma sœur a su parler anglais

11) J'ai été en France

12) J'ai eu trois chats

13) Nous avons pris la voiture

14) Elles sont sorties du cinéma à dix heures

15) J'ai aimé ce restaurant

L'Agence Nationale Pour L'Emploi

1) Il faut s'inscrire à une agence locale

2) Il pourra guider et renseigner

3) Oui, elle peut prendre rendez-vous avec un employeur

4) Sur des panneaux d'affichage

5) Oui, il faut taper ULYSSE
6) Un journal d'offres d'emploi en France et à l'étranger
7) Non, pas encore
8) Une lettre et un C.V.
9) Au chef d'entreprise
10) Une bonne connaissance de la langue française

Asking questions

1d	2e	3i	4j	5a
6h	7b	8f	9c	10g

Looking for a job in the newspapers

1) No, they can go directly to the shop
2) Yes
3) Yes
4) No
5) German and English
6) In the morning
7) No
8) Finance
9) Five years
10) No

A job with a future?

1) Yes
2) No
3) No
4) To prove that he/she is physically capable of doing the job
5) No
6) Yes
7) Yes
8) The interview with a panel
9) Yes
10) Three times

Training for a job

1) False
2) True
3) True
4) False
5) True
6) False
7) False
8) False
9) False
10) False

Stress at work

1) Stress, tiredness, overwork
2) A child
3) He died
4) He committed suicide
5) Because of the amount of responsabilities
6) Self-control, great powers of concentration
7) Yes
8) Yes
9) Are you certain that I shall wake up?
10) No, but it can happen

Chapter 5

A holiday to remember

1) In the Vienne area
2) No
3) Big lorries
4) No, it was a ground floor flat
5) Above the rented flat
6) Four adults
7) Two of the beds are bed settees which are uncomfortable
8) Both were dirty, the toilet flush did not work
9) Go and see the house and talk to the owner
10) No, he expects to get half of his money back

Grammar – *qui/que/dont*

Exercise 1

1) Voici la voiture qui arrive
2) C'est ma sœur qui habite en France
3) J'ai trois frères qui sont très jeunes
4) Je vais au cinéma qui est près de la poste
5) Nous avons beaucoup de disques qui sont modernes
6) Voici un restaurant qui est excellent
7) Je déteste les voitures qui roulent lentement
8) Vous avez des plantes qui sont très belles
9) Elle lit un livre qui est intéressant
10) C'est un employé qui travaille bien

Exercise 2

1) Voici la voiture que je vends
2) C'est un appartement que j'achète
3) Vous avez le livre qu'elle veut
4) Il n'aime pas la robe que je porte
5) Vous n'avez pas le disque qu'elle veut acheter
6) Il y a deux journaux que je ne lis jamais
7) Ce sont des fruits que vous détestez
8) Voilà la carte postale que nous écrivons
9) Vous regardez les gâteaux que je mange
10) Ce n'est pas le château qu'il préfère

Exercise 3

1e	2j	3g	4h	5d
6i	7c	8b	9a	10f

The relative pronoun *dont*

Exercise 4

1) Voici des murs dont il déteste la couleur
2) Voici un homme dont je connais bien la fille
3) Voici une maison dont les fenêtres sont fermées
4) Voici la danseuse dont tout le monde parle
5) Voici l'homme dont je me souviens
6) Voici la crème solaire dont je me sers tous les étés
7) Voici un politicien dont je respecte les idées
8) Voici la pièce de théâtre dont vous vous souvenez
9) Voici la panthère dont ils ont peur
10) Voici des enfants dont je suis très fière

Exercise 5

a) Voilà la machine dont je me sers
b) C'est le disque dont vous parlez
c) Voici le chien dont vous avez peur
d) C'est un homme dont vous respectez l'intelligence
e) C'est une banque dont le directeur est compréhensif

Challenge

1) C'est ma femme qui conduit la voiture
2) Qui est l'homme dont vous parlez?
3) C'est une ville que je connais bien
4) J'habite dans un village qui est situé au bord de la mer
5) Ce sont des vacances dont j'ai besoin
6) J'ai des nouvelles dont je suis contente
7) Vous avez tort, c'est moi qui ai raison
8) La machine dont je me sers est compliquée
9) C'est un magazine qui est hebdomadaire
10) Donnez-lui tout ce qu'elle veut

Les gîtes de France

1) Le gîte rural est situé près d'une ferme ou dans un village
2) Le prix est fixé à la semaine
3) Oui, il est compris
4) Ils ont de six à treize ans
5) Oui, ils participent à la vie de famille

6) Les campeurs qui veulent un terrain de camping avec peu d'emplacements
7) Non, ce n'est pas une solution chère
8) Les randonneurs
9) Ils logent dans les fermes-auberges
10) Au bureau du tourisme de la région

Asking the way and understanding directions

Plan de Beaune
1) Hôtel Arcade
2) Hôtel de la Cloche
3) Hôtel Grillon
4) Hôtel de France
5) Hôtel Grand Saint-Jean
6) Hôtel Alesia
7) Hôtel Henry II
8) Hôtel de France
9) Hôtel la Closerie
10) Hôtel Arcade

Choosing a campsite
1) No
2) Seven and above
3) Yes
4) Yes
5) No
6) Six francs
7) Electricity
8) Yes
9) No
10) Yes
11) No
12) Tennis, swimming, bowling
13) Les Peupliers
14) Yes
15) Camping municipal/Carbonne

Buying a house
1) 26th January 1990
2) Information about country houses
3) No
4) Solicitor
5) Yes
6) Visit him
7) Yes
8) Make an appointment
9) Having to make an appointment with estate agent
10) The estate agent

A house for sale
1) True
2) False
3) True
4) False
5) False
6) True
7) False
8) False
9) True
10) True

Chapter 6
A difficult client
1) A skirt
2) She did not like it in blue
3) She looked enormous in it
4) No
5) No, it was unavailable in her size
6) No, she did not
7) The client wanted the trousers in a bigger size
8) A dress and a cardigan
9) No
10) Yes

Direct and indirect object pronouns

Exercise 1

a) Il les aime
b) Nous le prenons
c) Vous la décorez
d) Ils les admirent
e) Vous le cherchez
f) Elle l'écoute
g) Vous le faites
h) Je les donne
i) Tu l'invites
j) Je les offre

Exercise 2

a) Oui, je l'aime
b) Oui, elle le déteste
c) Oui, je vous invite
d) Oui, je l'appelle
e) Oui, je le mets
f) Oui, il les porte
g) Oui, je l'écris
h) Oui, je la vois
i) Oui, elles la prennent
j) Oui, il l'achète

Exercise 3

Je ne l'ai pas   Je la porte   Je ne la trouve plus
Je les cherche   Le connaissez-vous?
Je ne le connais pas   Vous m'accompagnez?
Vous l'aimez?   Vous les rencontrerez

Exercise 4

a) Ouvrez-la!
b) Fermez-la!
c) Buvez-la!
d) Portez-les!
e) Cherchez-la!
f) Oubliez-le!
g) Mettez-le!
h) Finissez-les!

i) Achetez-les!
j) Changez-le!

Exercise 5

a) Il lui vend la robe
b) Nous lui écrivons
c) Vous lui envoyez un télégramme
d) Je lui parle
e) Ce film leur plaît
f) Je lui donne le lait
g) Elle lui répond
h) Tu nous dis 'bonsoir'
i) Les enfants leur obéissent
j) Le boulanger lui vend le pain

Exercise 6

a) Oui, je vous pose une question
b) Oui, je vous parle en anglais
c) Oui, je vous demande la bonne réponse
d) Oui, je vous dis 'non'
e) Oui, je vous envoie un cadeau
f) Oui, je vous offre des fleurs
g) Oui, je vous obéis
h) Oui, je vous vois
i) Oui, je vous donne les disques
j) Oui, je vous plais

Challenge

1) Vous la faites
2) Il la lui donne
3) Nous l'envoyons
4) Elle les préfère
5) Je les leur vends
6) Il le lui prête
7) Tu la cherches
8) Elles le parlent
9) Vous lui téléphonez
10) Nous l'attendons

A new venture

1) Il a voulu ouvrir une école de langues
2) Non, il n'avait pas d'idées précises
3) Il est allé à La Chambre de Commerce et d'Industrie
4) Un conseiller pour les entreprises nouvelles
5) Ses besoins et ses ressources
6) Une entreprise individuelle et une S.A.R.L.
7) Non
8) Un agent immobilier
9) Cinq professeurs
10) Non

An interview with a business consultant

1j	2f	3g	4i	5h
6b	7c	8d	9e	10a

Learning the job

1) His suppliers
2) When he has to order his goods and in what quantity
3) Yes
4) No
5) Welcome his customers
6) Listening to them
7) No, customers's interests
8) No
9) No
10) Yes

A good leader

1) False
2) False
3) True
4) False
5) True
6) True
7) True

8) False
9) True
10) False

A honey-making enterprise

1) A family
2) Three generations
3) 600
4) Telling the visitors how bees operate
5) Yes
6) One can see inside the hives through windows
7) Yes
8) The workers keep on guard
9) 45 minutes
10) It is open everyday
11) It is free of charge
12) No
13) 5 pm
14) From September 15th to the end of July
15) Hydromel

Chapter 7
A well-kept secret

1) From a traditional sauerkraut producer
2) No, you must use an earthenware dish
3) Goose fat
4) It gives a more refine taste to the dish
5) No
6) No, in between layers of sauerkraut
7) White wine
8) No, it is about two hours
9) To stir
10) Not to tell anyone about the recipe

The conditional

Exercise 1

a) tu serais
b) il finirait

c) nous achèterions
d) ils iraient
e) nous partirions
f) tu tomberais
g) je travaillerais
h) il perdrait
i) vous descendriez
j) je remercierais
k) vous écririez
l) je me laverais
m) on verrait
n) nous ferions
o) elles courraient
p) tu appellerais

Exercise 2
1) Je ne travaillerais plus
2) J'achèterais beaucoup de cadeaux
3) Je voyagerais partout dans le monde
4) Je ne ferais rien
5) Je prendrais de longues vacances
6) Je connaîtrais le succès
7) Je vivrais dans un château
8) Je changerais mes habitudes
9) J'aurais de nouveaux amis
10) Je partirais en voyage

Exercise 3
1) Auriez-vous
2) Je voudrais
3) Je préférerais
4) Pourriez-vous
5) Pourriez-vous
6) J'aimerais
7) Je boirais
8) J'essayerais
9) Recommanderiez-vous
10) Tu devrais

Exercise 4
1j	2f	3a	4i	5h
6c	7b	8d	9g	10e

Exercise 5
1b	2a	3a	4a	5b
6b	7b	8c	9c	10a

Challenge
1) Si elle venait ce soir, je préparerais un bon repas
2) Que feriez-vous si vous aviez le choix?
3) Quelle chance! J'aimerais être à sa place!
4) Il vaudrait mieux me prévenir
5) Vous pensez vraiment que nous devrions partir si nous pouvions le faire?
6) Je ne mettrais jamais ce chapeau même si vous me le demandiez
7) Si j'en avais le courage, je lui dirais la vérité
8) Je savais que vous viendriez
9) Elle l'inviterait si elle ne le détestait pas tant!
10) Si vous buviez moins, vous seriez en meilleure santé

A well-loved tradition
1) A la personne qu'on admirait
2) Le Brie
3) Le lait de vache, de chèvre, de brebis
4) Oui
5) Les fromages de chèvre et les fromages cuisinés
6) Dans un endroit obscur, aéré ou dans le bac à légumes
7) Non
8) Une heure

Darney's cutlery
1) 1820
2) No
3) Connoisseur

146

4) Yes
5) Yes
6) 12 o'clock/7 pm

Matching the cutlery

1) oyster fork   fourchette à huîtres
2) serving spoon   cuiller à servir
3) serving fork   fourchette à servir
4) ice cubes spoon   cuiller à glaçons
5) fish knife   couteau à poisson
6) fish fork   fourchette à poisson
7) moka spoon   cuiller à moka
8) dessert spoon   cuiller à dessert
9) dessert fork   fourchette à dessert
10) cake fork   fourchette à gâteau
11) soda spoon   cuiller à soda
12) snail fork   fourchette à escargots

A very appetising dish

1) Brains
2) Cooked
3) Slice them
4) One hour
5) Batter
6) Before dipping them into batter
7) Dip them into batter

How to recognise a good chocolate

1) False
2) False
3) True
4) False
5) True
6) True
7) True
8) False
9) False
10) True

What's on offer

1) Camembert
2) Poulet (chicken)
3) Yaourts
4) Steaks
5) Epinards (spinach)
6) Saucissons
7) Escalopes de dindonneau (young turkey)
8) Café (coffee)
9) Fromage blanc (cottage cheese)
10) Chocolate au lait (milk chocolate)

Useful addresses and telephone numbers

Useful services

CIRA (Centre Interministériel de Renseignements
   Administratifs)
   For free advice and information about housing, work,
   social, security, telecommunciations, law, defence,
   customs, commerce etc:

Ministère de l'Education Nationale,
   110 rue de Grenelle, Paris 75 007

Getting around

Airports: travellers' information
Air France: information

Motorways: information
   Autoroutes informations,
      3, rue Edmond Valentin, 75007 Paris
   Road information centres
      Centre national de
Rail information
   SNCF/Paris railway stations
For local information in most French towns, look under
SNCF in directory.

Time off

Parc des Expositions de la Porte de Versailles,
   Porte de Versailles, 75015 Paris
Palais des Congrès,
   2 Place de la Porte-Maillot, 75017 Paris
Offices du tourisme: One in each town
Write the name of the town, the mail will reach them.
Office du tourisme à Nancy, Place Stanislas 54000
   Nancy
Office du tourisme à Hayange, Place de l'église,
   5700 Hayange

Finding work

ANPE: One in each town
Direction départementale du travail
In each 'département', for information about
recruitment of employees, work contracts, rights of
employees etc... Addresses on the Minitel or telephone
books. Phone CIRA for any advice related to work.

Where to stay

Maison des gîtes de France
   35 rue Godot-de-Mauroy,
   75009 Paris ....(1) 47.42.25.43
Ligue Française pour
   les auberges de jeunesse,
   38 boulevard Raspail,
   75007 Paris ....(1) 45.48.69.84

Using the Minitel ....
   Directory of hotels in France...........36.14 + HOTEL 1
Office du tourisme de Beaune
   1 rue de l'Hôtel Dieu, 21200 Beaune

Starting in business

Agence française pour la maîtrise de l'énergie,
   27 rue Louis Vicat, 75015 Paris ....(1) 47.65.20.00
Chambre de commerce et d'industrie,
   27 avenue de Frieland, 75000 Paris
Centre national de commerce extérieur,
   10 avenue d'Iéna, 75016 Paris
Chambre de commerce internationale,
   38 cours Albert 1er, 75008 Paris
French Embassy, Commercial section,
   12 Stanhope Gate, London W1
Major French banks
   Banque Nationale de Paris,
     16 boulevard des Italiens, 75009 Paris
   Caisse Nationale de Crédit Agricole,
     91/93 boulevard Pasteur, 75015 Paris
   Crédit Lyonnais,
     19 boulevard des Italiens, 75002 Paris
   Société Générale,
     29 boulevard Haussmann, 75009 Paris

Using the Minitel ....
Information Salons professionels .....36.16 + SALONS

Eating the French way

For information concerning food products in France
SOPEXA, 43/45 rue de Naples, 75008 Paris
Tourist offices will provide lists of restaurants in their
areas

Teachers' notes

There are obviously different ways of teaching and it is up to each teacher to choose which method is the most appropriate to make the study of French rewarding and enjoyable.

Refresher in French does not restrict you to a single approach, despite its simple and straightforward structure. On the contrary, the simplicity of presentation means that you can exploit the material in many different ways.

The suggestions below are not meant to prevent you from using your experience or imagination; they are merely hints to help you give your lessons variety.

I have chosen Chapter 3 *Time Off* as a model for suggestions of ways of exploiting each chapter to the full.

Part I

AN EVENING FULL OF SURPRISES

❑ **Study of the text in conjunction with the cassette**

If you are going to use the recording of the text, you can start by presenting the main theme of the text in English and giving a brief explanation of the words which could prevent understanding of the passage. At this stage, the students have not read the text; they will only read it after they have listened to it.

You could go through the following steps.

1) Introduce the passage.

2) Explain any difficult words.

3) Ask the students to listen to the tape of the text once.

4) Check what they have understood.

5) Play the text for the second time.

6) Ask the class some questions in English or in French about the text

At this point, you could choose to play one sentence at a time and ask the whole class to repeat after the recording, and/or ask individuals to repeat in turns.

Once the text has been read, you can help the students learn any new vocabulary or concentrate on the grammar being revised in the chapter. It obviously depends on the levels of ability in the class.

If you want to make your students write some French at this stage, you can do so without making it too difficult.

1) You can write the text on a board or give a copy of the text to the students after having withdrawn some key words (some of the difficult words/verbs in Chapter 3 etc).

2) You can then play the tape and ask the students to fill in the blanks in the text.

If you do not want the students to write anything, a simple way of utilising the tape and helping them to use and memorise certain turns of phrase is to do the following.

1) Ask your students to read the text quickly to themselves.

2) They close their books.

3) Play the tape and stop it just before a word or phrase you would like your students to practise.

4) Ask them to remember and say the word(s) which follow.

5) With well-motivated students it is possible to ask for suggestions for alternatives to the missing word(s) as long as these alternatives make sense.

One important thing to remember is that most students should only be revising the grammar covered in this book, ie no grammar lessons as such should be necessary. It is up to you to decide whether a class needs to spend a lot of time and effort on a grammar point. Revising any particular point in the introductory text might be sufficient if students can do the grammar exercises on their own.

Teaching grammar should be kept to a minimum since the emphasis here is on developing the ability to understand and speak French, using what has previously been learned at school.

❑ Using the text without a cassette

Providing you speak French fluently and so don't need to make the students listen to French voices, you can do most of the activities suggested above. However, most students enjoy a break from their teacher's voice and benefit in the long term from listening to as many different French voices as possible.

❑ Further use of the texts with special emphasis on getting the students to speak French

Understanding a text, revising grammar points and learning some new words and expressions are all great achievements, but if teachers want their students to speak in a foreign language, they must use every available opportunity to get the students to talk in the language.

All the texts in this book can provide opportunities to speak; the topics have been chosen with this purpose in mind. Again the introductory text from Chapter 3 will be taken as an example of what can be done.

One of the best ways of overcoming students' inhibitions and timidity is to make them work in pairs or groups. They usually enjoy the opportunity to share ideas with others and to show what they can achieve with someone else, either to the rest of the class or to you.

Before the students start pair work or group work, it is important to tell them exactly what they are expected to achieve and within what time limit.

It is also a good idea to make them participate in the search for words and expressions they might need in their dialogues if you want most of the work to come from them. If you write the dialogues and ask the students to study them and learn them, you are denying them the pleasure of creating imaginative dialogues of their own. With good guidance, most students will produce dialogues reflecting their own experience of real life situations. You will also get a much clearer idea of what they can and cannot do. In my view, it is much better to let them learn a dialogue they have made up themselves than to make them repeat perfect sentences like parrots.

So, taking the text *An evening full of surprises* as an example, here is a list of suggested topics which could be used as the basis for pair work and drama work.

1) Imagine the conversation between Nicole and Francis before they go out (students can be asked to use the future tense and the near future, and be required to to use certain expressions in their dialogue such as *Je suis en pleine forme, et toi? Tu as réservé le taxi pour quelle heure? Allo? Je voudrais un taxi pour aller à ...* etc).

2) Nicole and Francis go to the cinema: how do they ask for tickets? (*Deux places au balcon, c'est combien! Le film commence à quelle heure?...*)

3) Once they are in the restaurant, students can practise talking to the waiter, ordering food (having made up the menu), ordering drinks etc.

4) The final scene provides a good opportunity to imagine a conversation between the nice-looking woman and the husband/the wife, and the husband and the wife, before and after Nicole slapped the intruder.

If the class is very weak, and you think that making up dialogues would prove too difficult, one way to get round the problem of not doing all the work for them is to make some cards up with only half of a dialogue written out. The students have to provide the missing parts.

They can then be asked to write out their own dialogues or write an ending to the story.

❏ The grammar section

Verbs in the imperfect tense will already have been introduced in the text at the beginning of the chapter, and it is up to you to decide when and if you should read through the explanatory notes on the tense.

I would suggest a quick reminder of the tense formation and of its use in exercises, since these are not designed to make a student feel he or she cannot do them but on the contrary to show them what they can achieve.

With a weak class, it is a good idea to deal with the grammar when the item to be revised comes up in the text and integrate the grammar fully into the study of the text.

A good way to test what the students know about the imperfect (for example) is to check whether they can recognise it when mixed with other tenses, for example by doing the following.

1) You make up a list of 20 verbs (*je prends, j'ai couru, il faisait, nous avons, tu disais* etc...). You tell the student that they will hear a list of verbs in, say, the present tense, the perfect and the imperfect; the students draw three columns headed *present, perfect, imperfect*. When you read out a verb, the students tick the column corresponding to the tense used.

2) If you do not want to read the verbs out, you can ask the students to do the first exercise dealing with the imperfect in the grammar section of Chapter 3.

The other exercises can be done in class, for example:

1) the student can say them to you;

2) he or she can write them out;

3) students can do them in pairs. (Exercise 3 could be done like this for example, within a time limit and giving each pair a time-related mark to add a little competition.)

They can also be done as homework, but since answers are given at the back of the book, it is advisable that they should be done in class.

The Challenge is meant for faster workers who feel confident enough to attempt translation work.

Part II

The text can be approached in the same manner as in Part I, but here the answers to the questions have to be said or written in French.

The text has been written with the purpose of introducing leisure activities and gives the students the opportunity to talk about their hobbies:

1) You can ask the students to say in French what they do in their spare time.

2) You could ask the students to imagine the kinds of conversation they might have with a receptionist.

The students could make a list of the questions they might ask, for example:

Vous avez une liste des restaurants? des hôtels? etc
Le cinéma est loin d'ici?
Vous avez un plan de la ville?
Est-ce que je peux réserver une place pour le concert de jazz ici?
À quelle heure ferment les bureaux de la mairie?
Est-ce qu'on peut faire du ski dans la région?

3) The students could work in pairs, one being the receptionist and the other the visitor, and talk about the facilities available in their own area.

4) The students could ask one another questions in French about the text.

❏ Talking about your hobbies

This section can be used to help students talk about their hobbies, and provides further opportunities for working in pairs.

Here are some suggestions for different ways in which the exercises can be used to practise speaking about hobbies in French.

❐ A student can mime some of the activities mentioned while the others have to guess what he or she is doing.

❐ If the students do Exercise 1 in pairs, one can ask the questions and the other reply.

❐ Exercise 2 can be written down or done orally. Students can also say where they do the activities they mention.

❐ Exercise 3 can be adapted to provide further practice at talking, for example:

i) change *voir une piece de théâtre* and *théâtre* into a short dialogue:

   – *Il y a un théâtre près d'ici?*

   – *Oui monsieur.*

   – *Qu'est-ce que qu'on joue?*

   – *On y joue ......, la pièce de ....*

   – *À quelle heure commence la pièce?*

   – *À vingt heures trente.*

   – *C'est combien pour une place au balcon?*

   – *etc ...*

ii) Students can practise different drills from this exercise:

Questions/commands

Vous voulez voir une pièce de théâtre?	*Allez au théâtre!*
Vous aimez les pièces de théâtre?	*Allez au théâtre!*

Statements

Je voudrais voir une pièce de théâtre. Je vais au théâtre. J'aime le théâtre. Je veux aller voir une pièce de théâtre. J'aimais le théâtre. J'allais souvent voir une pièce de théâtre. Je n'aime pas le théâtre. Je ne vais jamais au théâtre.

Questions/answers

Vous aimez voir les pièces de théâtre? Oui, et je vais souvent au théâtre.

Est-ce qu'il y a un concert de jazz ce soir dans la ville? Oui, il y en a un dans la salle de concert près du cinéma. etc ...

Part III

The main aim here is that the student practices reading and understands the gist of a text. Students can read a text on their own and write their answers or answer orally.

The texts can be exploited in many different ways, for example:

❑ They can provide themes for discussion about cultural differences between Britain and France.

❑ The first text could be used as a model from which the students write their own advertisement.

❑ The second text, *Pont-De-L'Arn*, could also be used in this way, the students using it as a basis from which to write their own tourist brochure.

❑ Students could also write a letter to the Syndicat d'Initiative in Pont-De-L'Arn asking for lists of hotels, maps of the area etc.

❑ The text *Saulxures de Nancy* could be adapted and rewritten as an advertisement for a leisure activity, eg a cycling tour, a swimming competition etc.

❑ This text also offers the opportunity of creating a very simple dialogue – the student phones M. Gérard and asks for further information.

❑ Students could also pretend they had been on the trip advertised and give an account of it, either written or spoken.

❑ Any of these texts can be translated into English, summarised, used for a word search, re-written in a given tense etc.

All these activities can be done in groups or pairs or individually. The final text in this chapter, *Le code du randonneur*, should provide material for class discussion about the environment, practical advice on health and so on.

Students who have reached a good level of French could try composing a similar poem about someone else eg *le code du marin, le code du skieur, le code du travailleur* etc.

Index of grammar
points and functions

Page numbers in bold type refer to entries in the **Grammar reference** section (page 118).

GCSE French
Z KAMBUTS & W WILSON

352pp 1989

This book provides intensive practice in all four skills, with clear separation between Basic and Higher levels, and uses authentic material and original illustrations. Ideal for final year revision/one year revision courses.

CONTENTS

TOPIC AREAS
Holidays: Accommodation and Activities
Travel and Transport
The Environment
Shops and Shopping
Services
Food and Drink
Health, Welfare, and Emergency Services
Self, House, Home and Family
Entertainment and Leisure
School, Jobs, Work and Careers
PRACTICE MATERIAL
Key speaking tasks for role-plays: variety of stimulus material
Reading tasks: graded in order of ascending complexity
Writing tasks and conversation topics; includes hints for successful completion as well as useful phrases, graded between basic and higher

Listening practice: basic or higher items, as appropriate to each topic
Full vocabulary lists - in French and English; differentiated into Basic and Higher levels. Verbs grouped separately at beginning of each level
Full grammar section: grammar stuctures prescribed by Boards given in full; brief but succinct explanations, with examples enabling teachers to teach grammar according to personal styles and to needs of students.
Answers and listening scripts at the end of the book

TEACHERS' COMMENTS

'I have only favourable comments - offers all requirements looked for in a GCSE text book.' 'Students are happy with it - they like the clarity and gradation of exercises.' 'All our fifth-year pupils have purchased their own copies for individual study and revision.' 'Excellent book with very full coverage of syllabus.' 'Starter Kit an excellent feature.'
'The best book around for fith-year students.' Examiner
'Good practice for all four skills areas - Basic and Higher ... excellent for the GCSE examination.' Examiner

A CASSETTE containing all the listening scripts is given FREE to teachers using the book as a course text